W.-D. Jägel

Grundlagen Deutsch

Erarbeitet von Johannes Diekhans

Der Weg zur sicheren Zeichensetzung

Best.-Nr. 25102 3

Verlag Ferdinand Schöningh

Gedruckt auf umweltfreundlichem, chlorfrei gebleichtem Papier.

Umschlaggestaltung: Matthias Schwedt

(Verlag Ferdinand Schöningh, Jühenplatz 1, D-33098 Paderborn)

Printed in Germany. Herstellung Ferdinand Schöningh, Paderborn.

Druck 5 4 3 2 Jahr 00 99 98 97

ISBN 3-506-25102-3

Dieses Werk folgt der reformierten Rechtschreibung und Zeichensetzung. Ausnahmen bilden Texte, bei denen künstlerische, philologische oder lizenzrechtliche Gründe einer Änderung entgegenstehen.

Inhaltsverzeichnis

Wenn es keine Satzzeichen gäbe

Tiere in freier Wildbahn

Die kleine Maus buddelt ein Loch für sich und ihren Mausesohn den Löwen kümmert das überhaupt nicht besonders aufgeregt ist nur die Gazelle am See ist nämlich der Kopf eines Krokodils zu sehen mit wachen Augen beobachtet ein Zebra das Geschehen auf einem Baum singt ein exotischer Vogel ihren Rüssel hält eine Elefantendame in die Höhe unter dem Felsvorsprung schläft eine Klapperschlange.

Ein Text, der so geschrieben ist, ist nur sehr schwer zu lesen. Markiere durch einen Längsstrich die Stellen, an denen ein Zeichen gesetzt werden sollte, damit der Text übersichtlich wird und Missverständnisse vermieden werden.

Ohne die Gliederung durch Satzzeichen bliebe in geschriebenen Texten manches unklar.

Der folgende Satz aus einem Zeitungsbericht muss unbedingt durch Satzzeichen gegliedert werden, ansonsten könnte es eine Beschwerde geben!

Der Trainer sagte im letzten Fernsehinterview der Mittelstürmer sei unfähig.

Wer ist denn nun eigentlich unfähig? Der Mittelstürmer? Dann müsste es heißen:

Der Trainer sagte im letzten Fersehinterview, der Mittelstürmer sei unfähig.

Ist aber der Trainer gemeint, so müsste es heißen:

Der Trainer, sagte im letzten Fernsehinterview der Mittelstürmer, sei unfähig.

Diese Kritik könnte die Aufstellung am nächsten Spieltag beeinflussen!

Wie könnten die folgenden Sätze aufgefasst werden? Lies sie laut mit deutlichen Pausen.

- Der Zeuge behauptete der Angeklagte sei am Tatort gesehen worden.
- Paul sagte Frank sei ein Esel.
- Ulrike erbt den Schmuck nicht aber Susanne.
- Zehn Finger habe ich an jeder Hand fünf und zwanzig Finger und Zehen habe ich zusammen an Füßen und Händen.

Auch im nächsten Text fehlen Zeichen. Mach dir klar, welche Schwierigkeiten dadurch entstehen.

Der intelligente Papagei

Eine Frau kommt in die Zoohandlung und fragt den Verkäufer Was kostet denn der Papagei da vorn? Der in dem Käfig dort? Der gefällt mir besonders. Der spricht so gut, dass Sie seinen Preis schon mit ihm selbst aushandeln müssen.

So lautet die richtige Schreibweise

Eine Frau kommt in die Zoohandlung und fragt den Verkäufer: „Was kostet denn der Papagei da vorn?“ – „Der in dem Käfig dort?“ – „Der gefällt mir besonders.“ – „Der spricht so gut, dass Sie seinen Preis schon mit ihm selbst aushandeln müssen.“

Satzzeichen dienen vor allem dazu, einen Text übersichtlich und leserfreundlich zu gestalten und Missverständnisse zu vermeiden.

Manchmal bleibt es der Schreiberin oder dem Schreiber überlassen, ob ein Zeichen gesetzt wird oder nicht.

Carola Müller gewann trotz einer Knieverletzung den Turnwettkampf.

Carola Müller gewann, trotz einer Knieverletzung, den Turnwettkampf.

Es gibt jedoch auch viele festgelegte Regeln zur Zeichensetzung, die im Folgenden dargestellt und erläutert werden.

Die zahlreichen Übungen – es sind über sechzig – sollen helfen zunehmend sicherer mit der Zeichensetzung umzugehen. Im Anhang des Buches sind die Lösungen abgedruckt.

Punkt, Fragezeichen, Ausrufezeichen

Punkt, Fragezeichen oder Ausrufezeichen sind die üblichen Satzschlusszeichen. Sie verdeutlichen, welche Absicht derjenige hat, der etwas schreibt oder sagt. Will er etwas aussagen bzw. mitteilen? Will er etwas wissen? Will er zu etwas auffordern? So ergeben sich die drei Hauptsatzarten:

1. Aussagesatz: (.)
2. Fragesatz: (?)
3. Aufforderungssatz: (!)

Punkt, Fragezeichen und Ausrufezeichen werden jedoch auch noch in anderen Situationen verwendet.

Der Punkt

1. Der Punkt als Satzschlusszeichen

Am Ende eines Aussagesatzes steht ein Punkt. Der Aussagesatz kann aus einem einfachen Hauptsatz oder aus einem Satzgefüge (Hauptsatz und Nebensatz / Gliedsatz) bestehen.

B

Beispiel: *Der Regen prasselt gegen die Fensterscheibe.*
Ich bleibe deshalb zu Hause.
Ich werde auch morgen nicht kommen, wenn das Wetter sich nicht bessert.

Ü 1

In den folgenden beiden Texten fehlen alle Punkte, die Kommas sind gesetzt. Außerdem sind die Satzanfänge kleingeschrieben. Übertrage die Texte in der richtigen Schreibweise in dein Heft.

Ein aufgewecktes Ei

einen krähenden Ei-Wecker hatte eine englische Firma pünktlich zu Ostern 1989 im Angebot zunächst weckt dieser Wecker in Eiform mit dem Schnattern von Küken wenn das nichts hilft, folgt nach einiger Zeit ein Lockruf einer Henne zuletzt ertönt das ohrenbetäubende Krähen eines Hahnes, das auch den müdesten Zeitgenossen aus dem Bett scheucht

Der Spinat, die Gesundheit und der Kommafehler

Spinat gilt vor allem deshalb als so gesund, weil er sehr viel Eisen enthalten soll in Wirklichkeit beruht die hohe Wertschätzung für dieses Nahrungsmittel auf einem Fehler gegen Ende des vorigen Jahrhunderts hatten Ernährungswissenschaftler bei ihren Berechnungen das Komma versehentlich an die falsche Stelle gesetzt und so dem Spinat den zehnfachen Eisengehalt zugeschrieben heute weiß man, dass Spinat als Eisenquelle nicht mehr oder weniger wertvoll ist als anderes frisches Gemüse auch, eine gute Nachricht für viele Kinder

Am Ende von Aufforderungs- oder Wunschsätzen kann an Stelle des Ausrufezeichens ein Punkt stehen, wenn die Sätze ohne Nachdruck gesprochen oder geschrieben werden.

B

Beispiel: *Unterstreiche in dem folgenden Text alle Nomen.*
Geben Sie mir bitte zehn Äpfel von dieser Sorte.

2. Der Punkt als Kennzeichnung von Reihenfolgen, Rangfolgen und Abkürzungen

Der Punkt steht nach Zahlen, die eine Reihenfolge oder Rangfolge verdeutlichen (Ordnungszahlen). Steht die Zahl am Ende eines Aussagesatzes, wird nur **ein** Punkt gesetzt.

B

Beispiel: *Ich wurde am 14. 3. 1985 geboren.*
Wilhelm II. fuhr nach Berlin.
Ein Kunstliebhaber war Friedrich II.
1. Einleitung
2. Hauptteil
3. Schluss

Ü 2

Trage in die folgenden Sätze die fehlenden Punkte ein.

- Andrea belegte im Weitsprung den 4 Platz.
- Wir treffen uns am Donnerstag, dem 24 September.
- Peter Härtling wurde am 13 11 1933 in Chemnitz geboren.
- Der 1 FC Köln wurde bereits mehrmals Deutscher Meister.
- Das 18 Jahrhundert wird als das Zeitalter der Aufklärung angesehen.
- Das Zielfoto ergab diese Reihenfolge: 1 Anne Lücking
  2 Monika Giesbrecht
  3 Nawal Ayyat

Ein Punkt steht nach vielen Abkürzungen, die im Textzusammenhang als ganze Wörter ausgesprochen werden. Steht die Abkürzung am Ende eines Aussagesatzes, wird nur **ein** Punkt gesetzt.

B

b. w.	bitte wenden	gez.	gezeichnet	usw.	und so weiter
bzw.	beziehungsweise	i. A.	im Auftrag	u. U.	unter Umständen
d. h.	das heißt	i. V.	in Vertretung	z. B.	zum Beispiel
Dr.	Doktor	m. E.	meines Erachtens	z. Hd.	zu Händen
Fa.	Firma	Nr.	Nummer	z. Zt.	zur Zeit

Kein Punkt steht nach national oder international festgelegten Maß-, Münz- und Gewichtsangaben, nach chemischen Zeichen und nach vielen Abkürzungen, die im Textzusammenhang nur in der Abkürzungsform gelesen werden (LKW).
Auch nach Überschriften, Buch- und Zeitungstiteln und Unterschriften steht kein Punkt.

B

m	Meter	DM	Deutsche Mark
cm	Zentimeter	USA	Vereinigte Staaten von Amerika
km	Kilometer	NW	Nordwest
ccm	Kubikzentimeter	Na	Natrium
l	Liter	DIN	Deutsche Industrie-Norm
t	Tonne	BGB	Bürgerliches Gesetzbuch
g	Gramm	GmbH	Gesellschaft mit beschränkter Haftung

Das Leben im Ozean (Buchtitel)

Frachter vor der bretonischen Küste gestrandet (Zeitungstitel)

Mit freundlichem Gruß

Andrea Adam (Unterschrift)

Das Fragezeichen

Das Fragezeichen steht nach Fragesätzen und allein stehenden Fragewörtern.

B Beispiel: *Kann mir jemand seinen Füller leihen?*
Wer hat im Januar Geburtstag?
Warum? Wo? Wann?

Ü 3 Der folgende Textblock enthält insgesamt neun Scherzfragen. Schreibe sie mit den entsprechenden Fragezeichen und in der richtigen Rechtschreibung auf. Ordne die passenden Antworten, die in veränderter Reihenfolge unter dem Text stehen, zu.

Was musst du tun, wenn du in der Wüste eine Schlange siehst was ist die gefährlichste Jahreszeit welcher Mann hat kein Gehör wie viele Eier kann ein erwachsener Mann auf nüchternen Magen essen was ist noch unangenehmer als ein Haar in der Suppe in welchen Zug passt nur eine Person welcher Baum hat keine Wurzeln was wird nasser, wenn es trocknet was ist ein Matrose, der sich ein Jahr nicht gewaschen hat

a) das Handtuch; b) der Frühling, weil die Bäume ausschlagen; c) ein Meerschweinchen; d) der Schneemann; e) in einen Anzug; f) eins, weil er dann nicht mehr nüchtern ist; g) der Purzelbaum; h) Suppe im Haar; i) hinten anstellen

Ü 4 Formuliere zu den folgenden Aussagesätzen jeweils einen Fragesatz.

- In München befindet sich Deutschlands größtes überdachtes Fußballstadion.
- Astrid Lindgren hat das Abenteuerbuch „Ronja Räubertochter“ geschrieben.
- Der Petersdom steht in Rom.
- Die ersten menschenähnlichen Wesen konnten sich bereits mit Lauten verständigen.
- Du fährst in den Ferien nach Dänemark.
- Der kleinste Planet im Sonnensystem heißt Pluto.
- In Finnland gibt es über 55 000 Seen.
- Die Blindschleiche gehört nicht zur Familie der Schlangen, sondern zur Familie der Echsen.
- Die größten Meerestiefen nennt man Tiefseegräben.

Kein Fragezeichen steht nach Sätzen, die wie ein Fragesatz gebaut sind, jedoch eine eindeutige Aufforderung beinhalten. Hier wird nach der Sprechabsicht ein Ausrufezeichen gesetzt.

B Beispiel: *Kommst du bitte sofort ins Haus!*
Was fällt dir ein!

Auch nach indirekten Fragesätzen, die von einem Aussagesatz oder Aufforderungssatz abhängen, steht kein Fragezeichen.

B Beispiel: *Sie fragte ihn, wann er sie wieder einmal besuche.*
Sagt mir, woher ihr die Süßigkeiten habt!
Erkläre mir bitte, warum du erst jetzt kommst!

Das Ausrufezeichen

Das Ausrufezeichen steht nach Wörtern, verkürzten Sätzen oder Ganzsätzen, die mit besonderem Nachdruck gesprochen oder geschrieben werden. Sie können z. B. einen Befehl, eine Aufforderung, einen Wunsch oder einen Ausruf der Freude, des Erstaunens oder des Bedauerns beinhalten.

B Beispiel: *Gib mir sofort das Buch zurück!*
Du hast schon wieder den Schlüssel vergessen!
Betreten verboten!
Komm!
Welch ein Glück!
Ach!

Ü 5 Trage in den folgenden Witz die fehlenden Ausrufezeichen ein.

Ein vermummter Bankräuber schiebt der Dame an der Kasse einen Zettel hin: „Mäuse her – aber ein bisschen dalli "
Die Kassiererin stutzt kurz, dreht dann den Zettel um und schreibt: „Rücken Sie Ihre Krawatte zurecht, Sie werden nämlich gerade gefilmt " So ein Pech

Kein Ausrufezeichen steht nach Wunsch- oder Aufforderungssätzen, die in normaler Stimmlage und ohne Nachdruck gesprochen werden. Arbeitsaufträge in Büchern werden ebenfalls ohne Ausrufezeichen gedruckt.

B Beispiel: *Reichst du mir bitte die Margarine.*
Unterstreiche alle Satzglieder.

Das Ausrufezeichen kann nach einer Anrede im Brief stehen. Immer häufiger wird hier jedoch ein Komma gesetzt.

B Beispiel: *Sehr geehrte Frau Buchholz!*
Ich möchte Ihnen mitteilen, dass ich Ihr Angebot akzeptiere.

Sehr geehrte Frau Buchholz,
ich möchte Ihnen mitteilen, dass ich Ihr Angebot akzeptiere.

Komma

Das Komma in Aufzählungen

Das Komma trennt gleichrangige Glieder einer Aufzählung voneinander, wenn sie nicht durch eine nebenordnende Konjunktion (Bindewort) wie **und** oder **oder** verbunden sind.
Die Aufzählung kann aus einzelnen Wörtern, Wortgruppen oder ganzen Sätzen bestehen.

1. Das Komma zwischen einzelnen Wörtern und Wortgruppen

Die Glieder einer Aufzählung können aus einzelnen Wörtern oder mehreren Wörtern (Wortgruppen) bestehen. Das Komma steht entsprechend der Regel oben zwischen den Wörtern oder Wortgruppen.

B

Beispiel: *In meiner Tasche befinden sich Schulbücher, Stifte, Hefte und Zeichenmaterialien.*

Im Urlaub werde ich viele Bücher lesen, Kunstausstellungen besuchen, ein Gartenhaus bauen und mich faul in die Sonne legen.

Ü 6

Unterstreiche in den folgenden Sätzen die einzelnen Glieder der Aufzählung mit Lineal und setze die Kommas.

- Andreas Monika Annika Peter und Gülben sind meine besten Freunde.
- Ich ärgere mich immer wieder über die unnützen Verpackungen die vielen Plastiktüten und die Einwegflaschen.
- Zu den Nebenflüssen der Donau zählen Iller Isar Lech und Inn.
- Der Mann trug einen altmodischen oft geflickten Pullover.
- Kurzstreckenlauf Weitsprung und Diskuswurf gehören zu den ältesten olympischen Disziplinen.
- Sie können jederzeit kommen: morgens mittags abends oder nachts.
- Wir kamen völlig ausgehungert durchnässt und sehr durstig in der Jugendherberge an.

- Ich mag Erdbeertorte mit Schlagsahne selbst gebackenen Apfelkuchen und Zitronenrollen von unserem Bäcker ganz besonders gern.
- Er versuchte vergeblich das Auto selbst anzuschieben ein anderes Fahrzeug zu stoppen und im nahe gelegenen Dorf einen Abschleppdienst zu erreichen.
- Auf dem Spielplatz kletterten sprangen tobten und schrien die Kinder.
- Er lebte teils in den Bergen teils im Tal.
- Ich bin nicht hungrig nicht durstig nicht schlecht gelaunt nur müde.

Ü 7

Auch bei der folgenden Scherzfrage fehlen die Kommas in der Aufzählung. Trage sie ein. Die Antwort auf die Frage erhältst du, wenn du für die Zahlen in der Klammer Buchstaben einsetzt.
(1=a; 2=b..., 27=ä).

Scherzfrage

Was ist das? Es ist rot rund hat zwei braune Streifen und ist unheimlich stolz.
(20, 15, 13, 1, 20, 5, 13, 9, 20, 11, 15, 19, 5, 14, 20, 18, 27, 7, 5, 18, 14)

Im folgenden Gedicht sind ebenfalls Aufzählungen enthalten. Setze an die passenden Stellen die Kommas.

Ü 8

Kinder allesamt **Hans Manz**

Von deinem Vater
deiner Mutter
bist du
das Kind.

Von deinen Großvätern
deinen Großmüttern
sind deine Eltern
die Kinder.

Von deinen Urgroßvätern
deinen Urgroßmüttern
sind deine Großeltern
die Kinder.

Also sind
deine Großeltern
deine Eltern
und du
allesamt Kinder.

Besteht die Aufzählung aus Adjektiven, die nicht gleichrangig sind, steht kein Komma. Ein kleiner Tipp: Zwischen Aufzählungen dieser Art kann man kein **und** setzen.

B Beispiel: *Es gab leckeren holländischen Käse.* (Nicht: *Es gab leckeren und holländischen Käse.*)

Ü 9 Entscheide, ob in den folgenden Beispielsätzen die Aufzählungen aus gleichrangigen oder nicht gleichrangigen Adjektiven bestehen, und setze gegebenenfalls die Kommas.

- Ich werde mir ein preiswertes umweltfreundliches Auto kaufen.
- Auf dem Wettkampf wurden zahlreiche überdurchschnittliche Leistungen erzielt.
- Die allgemeine wirtschaftliche Lage hat sich im letzten Jahr erneut verbessert.
- Junge verspielte Hunde mag ich besonders gern.
- Wir werden ein zweistöckiges verfallenes Haus kaufen und es renovieren.
- Dunkles bayerisches Bier ist besonders stark.
- Unser Urlaub begann mit warmem sonnigem windstillem Wetter.
- Ich habe mir im letzten Jahr viele neue Bücher gekauft.

Bei listenartigen Aufzählungen kann das Komma entfallen.

B Beispiel: *Wir stellen ein:* – *Fahrer*
– *Monteure*
– *Verkäufer*

2. Das Komma zwischen Sätzen

Eine Aufzählung kann auch aus mehreren Sätzen (Hauptsätze oder Nebensätze / Gliedsätze) bestehen.
Vollständige Hauptsätze (Aussagesätze, Fragesätze, Aufforderungssätze) können durch ein Komma abgetrennt werden, wenn sie inhaltlich eng zusammengehören und die Trennung durch ein Satzschlusszeichen vom Schreiber als zu stark empfunden wird.
Steht zwischen den Sätzen eine nebenordnende Konjunktion wie **und** oder **oder,** wird in der Regel kein Komma gesetzt.

B

Beispiel: *Der Schiedsrichterpfiff ertönt, der Verteidiger passt zum Mittelstürmer, der schießt aufs Tor* ***und*** *es steht 1 : 0.*
(Aufzählung von Hauptsätzen)

Ich mag dich, weil du eine tolle Sportlerin bist, weil du immer lachst ***und*** *weil du so hilfsbereit bist.*
(Aufzählung von Nebensätzen / Gliedsätzen)[1]

Ü 10

Die folgenden Beispiele enthalten jeweils Aufzählungen von Hauptsätzen, die inhaltlich eng zusammengehören. Setze die fehlenden Kommas.
Anstelle eines Kommas könnte im Einzelfall auch ein Semikolon (s. S. 38) oder ein Satzschlusszeichen (Punkt, Fragezeichen, Ausrufezeichen, s. S. 7) gesetzt werden.

- Wohin fährst du im Urlaub wen nimmst du mit und wie lange bleibst du fort?
- Es regnete der Wind pfiff um das Haus die Fensterläden schlugen und auf einmal fiel auch noch das Licht aus.
- Komm zu mir setz dich hin und erzähl mir alles!
- Der Vorhang öffnet sich das Geräusch verstummt und die Musik setzt ein.
- Ich bot ihr meine Hilfe an sie lehnte sie jedoch ab.
- Denk genau nach erinnere dich!
- Autos fahren vorbei Bremsen quietschen Fußgänger hetzen über die Straße der Arbeitstag in der Großstadt beginnt.
- Niemand hat etwas gehört niemand hat etwas gesehen und trotzdem ist etwas passiert.

[1] Zur Aufzählung von Gliedsätzen vergleiche S. 22.

Ü 11 Das folgende Rätselgedicht besteht nur aus Hauptsätzen. Trage die fehlenden Kommas ein. Die Lösung erhältst du, wenn du anstelle der Zahlen in der Klammer unter dem Gedicht Buchstaben einsetzt (1=a; 2=b...).

Rätsel für Anna **Anna Möss**

Anna hat´s im Fäustelein.

Es ist nicht groß es ist nicht klein
es ist nicht hart es ist nicht weich
es ist nicht arm es ist nicht reich
es ist nicht schwarz es ist nicht weiß
es ist nicht kalt es ist nicht heiß
es ist nicht dick es ist nicht dünn
es ist nicht gelb es ist nicht grün
es ist nicht blau es ist nicht rot
es lebt nicht ist nicht tot
es ist nicht gut und auch nicht böse –
nun streng dich an und löse!

Öffne Annas Fäustelein. (14,9,3,8,20,19)

Ü 12 Der folgende Text ist überhaupt nicht durch Satzzeichen gegliedert. Schreibe ihn ab und entscheide dabei, an welchen Stellen ein Komma zwischen den Sätzen gesetzt werden kann, weil sie inhaltlich sehr eng zusammengehören, und an welchen Stellen ein Punkt sinnvoller ist, weil etwas Neues kommt. Denk beim Abschreiben auch daran, Absätze zu machen, mit denen der Text zusätzlich gegliedert werden kann.

Sorgfalt im Winter

Ein Autofahrer ist im Winter zu besonderer Sorgfalt verpflichtet er soll sich nämlich jederzeit auf seinen Wagen verlassen können die Batterie sollte überprüft werden die Bremsen müssen intakt sein das Kühlwasser muss frostbeständig sein wichtig ist auch eine Überprüfung der Reifen sie sollten möglichst mehr als die vorgeschriebene Profiltiefe haben und können etwas härter aufgepumpt werden nach Frostnächten muss der Fahrer das Eis an den Scheiben abkratzen die Heizung schafft dies nicht sofort die dicke Schneehaube sollte vom Autodach gefegt werden beim plötzlichen Bremsen rutscht sie ihm sonst vor die Frontscheibe bei Temperaturen unter Null sollte man die Handbremse nicht anziehen sie kann nämlich festfrieren auch Fahrradfahrer müssen ihr Gefährt wintertauglich machen sie setzen sich ansonsten großen Gefahren aus auch hier ist zum Beispiel eine Überprüfung des Reifenprofils wichtig „blanke“ Reifen sind äußerst gefährlich im Vorteil sind Besitzer von Mountainbikes sie verfügen über breitere Reifen und ein tieferes Profil bei ganz schlechtem Wetter sollte man das Gefährt zu Hause lassen und lieber den öffentlichen Nahverkehr benutzen.

3. Verbindungswörter (Konjunktionen) zwischen den Gliedern einer Aufzählung

Wenn die Glieder einer Aufzählung durch eine nebenordnende Konjunktion verbunden sind, steht kein Komma. Außer **und** oder **oder** gibt es folgende nebenordnende Konjunktionen:
- **beziehungsweise / bzw.**
- **sowie** (im Sinne von **und**)
- **wie** (im Sinne von **und**)
- **sowohl ... als auch**
- **weder ... noch**

B Beispiel: *Möchtest du ein Eis oder lieber ein Stück Kuchen?*
Du hast weder den Rasen gemäht noch den Hof gefegt!

Glieder einer Aufzählung können auch durch Konjunktionen verknüpft werden, die einen Gegensatz ausdrücken. In diesem Fall steht ein Komma. Zu diesen Konjunktionen zählen: **aber, doch, jedoch, sondern.**

B Beispiel: *Ich bin nicht bei Klaus, sondern bei Beate.*
Er arbeitet nicht schnell, aber gründlich.

Ü 13 Entscheide, ob in den folgenden Beispielsätzen ein Komma stehen muss oder nicht. Trage die fehlenden Kommas anschließend ein.

- Ich bin weder bereit zu schreiben noch zu telefonieren.
- Ich habe zehn Fahrräder gezählt jedoch kein einziges Auto.
- Der Fahrer beschimpfte den Polizeibeamten nicht nur sondern griff ihn auch tätlich an.
- Zwei Hunde vier Wellensittiche sowie drei Rennmäuse wohnen bei mir im Haus.
- Er lief hinter dem Ladendieb her jedoch ohne Erfolg.

- Ich lese nicht nur gern sondern schreibe auch selbst Geschichten.
- Der April war zwar trocken aber für die Jahreszeit viel zu kühl.
- In den Ferien besuche ich meine Freundin Eva in Köln oder bleibe zu Hause.
- Wir sollten in Kontakt bleiben bzw. schon jetzt ein neues Treffen vereinbaren.
- Ich werde mich entweder bei dir persönlich melden oder jemanden vorbeischicken.

Ü 14 Der folgende Text enthält viele Aufzählungen. Entscheide jeweils, ob ein Komma zu setzen ist oder nicht. Trage die fehlenden Kommas ein.

Orca – ein Killerwal? **Willi und Ursula Dolder**

Mörder- oder Schwertwal wird der größte Vertreter der Familie der Delfine auch genannt doch ist er trotz seines blutrünstigen Namens weder ein Mörder noch ein Killer. Geschichten von racheerfüllten Menschen mordenden Orcas sind reines Seemannsgarn. Allerdings ist der bis zu neun Meter lange Orca ein ausgezeichneter Jäger. Er ernährt sich nicht nur von Fischen sondern auch von Vögeln Robben Seekühen und anderen Walarten. Oft jagen die sehr geselligen Tiere herdenweise. Dabei hat jedes Tier in einem Jagdverband eine ganz bestimmte Aufgabe und jede Herde hat ihre eigenen Jagdmethoden. Was ein Orca einmal mit seinen 44 kräftigen spitz zulaufenden kegelförmigen Zähnen gepackt hat, lässt er nicht mehr los. Gemeinsame Jagdbeute wird nach erfolgreicher Jagd gemeinsam verzehrt.
Zur Verständigung aber auch zur Ortung von Beutetieren verfügen die in Gruppen von 3 bis 20 manchmal bis zu 50 Tieren lebenden Orcas über verschiedene Lautäußerungen: kurze schnelle Klicklaute verschiedene Töne und Pfiffe sowie kurze laute Schreie. Orcas leben in allen Weltmeeren. Manche Gruppen ziehen weit umher andere bleiben ihr Leben lang in den gleichen Gewässern.

Das Komma in Satzgefügen

Hauptsatz und Nebensatz (Gliedsatz)[1] werden durch ein Komma voneinander getrennt.
Der Nebensatz kann vor dem Hauptsatz stehen, dahinter stehen oder in den Hauptsatz eingefügt sein. Hauptsatz und Nebensatz bilden zusammen ein Satzgefüge.
Nebensätze besitzen fast immer ein Einleitungswort, zum Beispiel eine Konjunktion (als, weil, dass...) oder ein Relativpronomen (der, welcher). Die gebeugte (konjugierte) Verbform steht am Schluss; ein Nebensatz kann nicht alleine stehen.

[1] Die Begriffe „Nebensatz" und „Gliedsatz" werden in gleicher Weise verwendet.

B

Beispiel: 1. *Weil es regnet,* *muss die Radtour leider ausfallen.*
Nebensatz — Hauptsatz

2. *Die Radtour muss leider ausfallen,* *weil es regnet.*
Hauptsatz — Nebensatz

3. *Die Radtour muss,* *weil es regnet,* *leider ausfallen.*
Hauptsatz — Nebensatz — Hauptsatz

Ü 15

Unterstreiche in den folgenden Sätzen jeweils den Hauptsatz und versieh den Nebensatz mit einer Wellenlinie. Zeichne im Nebensatz um das Einleitungswort (Konjunktion, Relativpronomen) einen Kreis und setze die fehlenden Kommas. Schreibe außerdem in die Klammern, um welchen Beispieltyp (1., 2. oder 3.) es sich jeweils handelt.

- Bevor das Fußballspiel beginnt wärmen sich die Spieler auf. (   )
- Der Torjäger unserer Mannschaft der sich im letzten Spiel verletzt hat setzt sich auf die Auswechselbank. (   )
- Obwohl noch nicht alle Plätze besetzt sind pfeift der Schiedsrichter das Spiel an. (   )
- Der Torwart der gegnerischen Mannschaft hat alle Hände voll zu tun während sein Gegenüber gelangweilt im Strafraum sitzt. (   )
- Weil der Libero zu weit vorgerückt ist taucht der Mittelstürmer plötzlich allein vor dem Tor auf. (   )

- Der Schuss ist so heftig dass der Torwart den Ball nur abklatschen kann. (   )
- Der Libero der inzwischen zurückgeeilt ist schlägt den Ball mit Mühe ins Seitenaus. (   )
- Die Mannschaft präsentiert sich diesmal weitaus besser als sie es beim letzten Spiel getan hat. (   )
- Der Schiedsrichter pfeift obwohl noch zwei Minuten zu spielen sind bereits jetzt zur Halbzeit. (   )
- Als dieses der Trainer der gegnerischen Mannschaft hört springt er von seinem Stuhl auf und schimpft lauthals. (   )
- Der Schiedsrichter kann ihn jedoch wieder beruhigen indem er kurz mit ihm spricht. (   )

Ü 16

Bilde sinnvolle Satzgefüge, indem du jeweils einen Hauptsatz aus der linken Spalte mit einem passenden Nebensatz aus der rechten Spalte verknüpfst. Achte auf die Kommasetzung.

• Wir bleiben während der großen Pause in der Klasse • Nach kurzer Zeit wird es so laut • Andreas wirft mit dem Schwamm • Judith schreit auf • Tobias versucht etwas Ordnung zu schaffen • Etwas leiser wird es erst • Nun müssen die Schülerinnen und Schüler den Klassenraum doch noch verlassen • Anne holt noch schnell ihr Springseil aus der Tasche	• dass die Pausenaufsicht hereinkommt und uns ermahnt. • weil inzwischen wieder die Sonne scheint. • bevor auch sie nach draußen geht. • indem er sich ans Lehrerpult setzt. • obwohl das nicht erlaubt ist. • da es regnet. • als er auf den Fingern pfeift und alle zur Rücksicht auffordert. • da sie den Schwamm mitten ins Gesicht bekommen hat.

Ü 17 Im Folgenden sind immer zwei Hauptsätze abgedruckt. Bilde aus den Hauptsätzen jeweils ein Satzgefüge, indem du aus einem Hauptsatz einen Nebensatz (Gliedsatz) machst und ihn dem anderen Hauptsatz unterordnest. Schau zuvor noch einmal nach, woran man einen Nebensatz (Gliedsatz) erkennt (S. 20).

B Beispiel: *Die Kirschen schmecken gut. Ich habe sie im Garten unseres Nachbarn gepflückt.*
Die Kirschen, die ich im Garten unseres Nachbarn gepflückt habe, schmecken gut.

Es regnet. Deshalb bleibe ich zu Hause.
Weil es regnet, bleibe ich zu Hause.

- Jannis besitzt ein schwarzes Skateboard. Er kann damit prima fahren.
- Er rollt damit eine Holzrampe herunter. Vorher muss er sich jedoch einen Helm aufsetzen.
- Heute scheint die Sonne. Deshalb trifft er sich mit seinen Freunden und Freundinnen.
- Hanna bringt ihr neues Skateboard mit. Sie hat es zum Geburtstag bekommen.
- Jannis zeigt ihr ein paar Kunststücke. Hanna hat ihn darum gebeten.
- Anne leiht ihr ihre Knieschoner. Sie soll sich nämlich nicht verletzen.
- Um 19.00 Uhr fährt Jannis nach Hause. Eigentlich darf er bis 20.00 Uhr draußen bleiben.
- Er möchte sich nämlich um 19.30 einen spannenden Krimi im Fernsehen anschauen. Darüber hat er am Morgen etwas in der Zeitung gelesen.

Gleichrangige Nebensätze (Gliedsätze), die alle von einem Hauptsatz abhängen, werden durch Kommas voneinander abgetrennt, wenn sie nicht durch eine nebenordnende Konjunktion (Bindewort) wie **und** oder **oder** verbunden sind. Hier gilt die „Aufzählungsregel" (s. S. 13)

B Beispiel: *Der Wasserverbrauch muss gesenkt werden, weil die Kläranlagen überlastet sind, weil die Aufbereitung sehr teuer ist* ***und*** *weil Wasser ein sehr kostbares Lebensmittel ist.*

Ü 18 Der folgende Text enthält gleichrangige Nebensätze (Gliedsätze). Trage die fehlenden Kommas ein.

Unbelehrbar

Obwohl die Polizei immer vor den Gefahren zu schnellen Fahrens warnt obwohl auch die Automobilclubs immer wieder darauf hinweisen und obwohl beinahe täglich schwere Unfälle passieren gibt es noch immer Unbelehrbare.
Weil er ein neues Motorrad geschenkt bekommen hatte und weil er damit vor seinen Freunden angeben wollte schloss ein achtzehnjähriger junger Mann eine Wette ab. Er wollte die Strecke zwischen Paderborn und Bielefeld in einer Fahrtzeit von 20 Minuten zurücklegen. Dass der junge Mann sein neues Motorrad zu Schrott fahren könnte dass er sich selbst einer großen Gefahr aussetzte und dass er darüber hinaus die Gesundheit anderer gefährdete schien den Raser nicht zu interessieren.
Bereits auf dem Zubringer zur Autobahn die gerade erst fertig gestellt wurde und die beiden Städte verbindet passierte es. In einer leichten Linkskurve geriet das Motorrad ins Schleudern so dass der Unbelehrbare die Kontrolle über sein Fahrzeug verlor stürzte und in einem Vorgarten landete.
Er kam glimpflich davon weil er nicht auf dem Kopf landete weil er entsprechende Kleidung trug und weil ein weicher Komposthaufen seinen Sturz abfederte.
Sein Motorrad besitzt nur noch Schrottwert so dass der Raser in Zukunft wohl auf Bus und Bahn umsteigen wird oder sein Fahrrad aus dem Keller holen muss.

Das Komma trennt einen Nebensatz (Gliedsatz) ab, der nicht von einem Hauptsatz, sondern von einem anderen Nebensatz abhängt.

B

Beispiel:
Ich setze mich für die Umwelt ein, weil ich davon überzeugt bin, dass es sich lohnt.
Hauptsatz — Nebensatz 1 — Nebensatz 2

Obwohl mir das Fahrrad, das ich mir angeschaut habe, gefällt, kaufe ich es nicht.
Nebensatz 1 — Nebensatz 2 — Nebensatz 1 — Hauptsatz

Ü 19

Schreibe die folgenden Sätze ab und markiere wie in den Beispielen den Hauptsatz und die Nebensätze (Gliedsätze). Setze anschließend die fehlenden Kommas.

- Ein altes Sprichwort sagt dass man sich liebt wenn man sich neckt.
- Er erschrak sich als er merkte dass man ihn beobachtete.
- Weil sie nicht wollen dass unsere Welt noch mehr zerstört wird engagieren sich viele Menschen für den Umweltschutz.
- Weil die Zahl der Fahrzeuge die täglich auf unseren Straßen unterwegs sind immer mehr zunimmt sollte das Nahverkehrsnetz unbedingt ausgebaut werden.
- Radfahrer die obwohl es verboten ist eine Fußgängerzone befahren müssen mit einem Bußgeld rechnen.

Ü 20 Trage in den folgenden Text die fehlenden Kommas ein.

Umweltschutz

Viele Menschen gehen einer Tätigkeit nach die nicht bezahlt wird weil sie ehrenamtlich und freiwillig ausgeübt wird. Sie setzen sich zum Beispiel für unsere Umwelt ein die in zunehmendem Maße dadurch zerstört wird dass Gewässer verunreinigt Böden vergiftet und die Luft durch Abgase verpestet wird. Obwohl sich das Bewusstsein der Menschen die beinahe täglich durch die Medien informiert werden in den letzten Jahrzehnten geändert hat ist die Zukunft der Erde noch lange nicht gesichert. Die zunehmende Ozonbelastung ist ein Problem das gelöst werden muss damit schwerwiegende Veränderungen der Erdoberfläche verhindert werden können. Schon jetzt müssen Sportler im Sommer auf die Ozonwerte die bei den Gesundheitsämtern abgefragt werden können Rücksicht nehmen und ihre Aktivitäten einschränken obwohl viele diese Gefahren die vor allem von Ärzten betont werden nicht wahrhaben wollen. Auch für Menschen die im Sommer im Freien arbeiten müssen ist es wichtig dass sie sich vor zu starker Sonnenbestrahlung schützen weil das Hautkrebsrisiko steigt. Auch dies ist eine Folge der zunehmenden Umweltbelastung.
Es gibt überhaupt keinen Grund dass wir unsere Hände in den Schoß legen weil die Politiker die angemessenen Entscheidungen schon treffen werden. Jeder Einzelne muss dafür sorgen dass diese Welt geschützt wird wenn die Menschen auch im nächsten Jahrhundert noch unbeeinträchtigt und gesund leben sollen.
Ein altes Sprichwort sagt dass wir die Welt nur von denen geborgt haben die nach uns kommen.

Ü 21 Auch in den folgenden beiden Texten fehlen die Kommas. Trage sie ein. Es handelt sich im Wesentlichen um Satzgefüge, aber auch einige Aufzählungen sind darunter. Wenn du dir unsicher bist, schau noch einmal auf S. 13 nach.

Eisbären

Obwohl Eisbären so völlig anders aussehen als andere Bären sind sie doch so nahe mit den Braunbären verwandt dass es schon Kreuzungen zwischen Eis- und Braunbären gegeben hat. Für Eisbären die seit mehr als 100 000 Jahren die Schnee- und Eisregionen rund um den Polarkreis bewohnen hat sich der helle dicke Pelz als sehr vorteilhaft erwiesen. Mehr als die anderen Familienangehörigen ist der Eisbär ein Einzelgänger der weite Wanderungen unternimmt und dabei auch größere Strecken im Wasser zurücklegt.

Sobald mit Beginn der kalten Jahreszeit das Nahrungsangebot schlechter wird gräbt sich der Eisbär eine Höhle in eine Schneewehe und lässt sich einschneien. In dieser eisigen Winterhöhle bringt die Eisbärin nach achtmonatiger Tragzeit meist zwei sehr kleine noch unterentwickelte Junge zur Welt. Mit den Pfoten hält sie die Kleinen im Brustpelz fest wo sie nicht nur Wärme sondern auch die Nahrungsquelle finden. Erst mit etwa zwei Monaten sind die kleinen Eisbären so weit dass sie in der Geborgenheit der Schneehöhle die ersten Gehversuche machen. Mit vier bis fünf Monaten führt die Mutter sie aus der Höhle bleibt aber noch einige Zeit in der Nähe des Verstecks bevor sie mit den Jungen auf die Wanderschaft geht.
Einer Eisbärin die Junge führt sollte jeder aus dem Wege gehen.

Kein Witz: Plastikbäume für die Wüste

Hans Peter Thiel

Jeder weiß heute wie wichtig der Baumbestand in der ganzen Welt für das Gleichgewicht in der Natur ist. Da hat das alte Sprichwort „Erst stirbt der Baum und dann der Mensch" ganz Recht.
Wie ein Witz hört sich da zunächst einmal an was mehrere afrikanische Staaten planen deren Baumbestand fast schon vernichtet ist. Dort will man nicht aufforsten sondern Plastikpalmen errichten.
Viele afrikanische Länder leben ja vom Tourismus. Mit den Plastikpalmen wollen sie ihren Besuchern zunächst einmal eine heile Welt vorgaukeln die es dort schon lange nicht mehr gibt. Wer kann schon von einem Flugzeug aus genau sehen ob die Palme da unten lebt oder aus Plastik ist.
Doch es gibt noch einen zweiten Grund warum etwa Libyen das am Tourismus gar nicht interessiert ist 30 000 Plastikbäume in der Wüste aufstellen will. Mit Hilfe der Kunstbäume wollen die Libyer ihr Klima verändern, und zwar so: Auf den Blättern der Plastikpalmen soll sich über Nacht gefallenes Wasser sammeln das tagsüber in der Sonne verdunstet. Man hofft dass sich dadurch das Klima in der Nähe der Kunstwälder ändert und dass es kühler werden könnte.
So verlockend sich die Theorie anhört dass Plastikpalmen das Klima verbessern könnten es bleibt nur eine Theorie. Und aus Erfahrung wissen wir heute dass unsere Versuche in die Natur einzugreifen meistens geschadet haben.

Zur Kommasetzung in Satzgefügen gibt es noch einige Besonderheiten, die im Folgenden dargestellt werden.

Besteht die Einleitung eines Nebensatzes (Gliedsatzes) aus mehreren Wörtern, steht das Komma vor der gesamten Wortgruppe.

B Beispiel: *Ich fahre gern mit dem Rad, **außer wenn** es regnet.*
Hauptsatz — Nebensatz

*Andreas half sofort, **ohne dass** er etwas dafür verlangte.*
Hauptsatz — Nebensatz

Ü 22 Zeichne in den folgenden Beispielsätzen um die Wortgruppe, mit der der jeweilige Nebensatz eingeleitet wird, einen Kreis und setze die fehlenden Kommas.

- Er lief als ob ihn eine Tarantel gestochen hätte von dem Platz fort.
- Du sitzt faul in der Sonne anstatt dass du deine Hausaufgaben machst.
- Wir haben uns nicht häufig getroffen aber wenn wir uns sahen war es immer ganz herzlich.
- Wir werden die Zelte aufbauen selbst wenn sich die Wetterlage nicht ändert.
- Die Verkehrsberuhigung in unserem Stadtteil wird sich durchsetzen ganz gleich wie einige darüber denken.
- Das Fahren im Winter ist gefährlich besonders wenn die Straßen vereist sind.

Gelegentlich fehlt bei einem Nebensatz (Gliedsatz) das Einleitungswort. Man kann es dann jedoch ergänzen. In diesem Fall erfolgt die Kommasetzung wie zuvor beschrieben.

B Beispiel: *Hat es geregnet, muss man besonders vorsichtig fahren.*
Wenn es geregnet hat, muss man besonders vorsichtig fahren.

Werden einfache Satzglieder durch eine nebenordnende Konjunktion wie **und** oder **oder** mit einem Nebensatz (Gliedsatz) verknüpft, steht zwischen Satzglied und Nebensatz (Gliedsatz) kein Komma. Hier gilt die „Aufzählungsregel" (S. 13).

B Beispiel: *Wir erwarten mehr Einsatz **und** dass du dich entschuldigst.*
*Dass du dich entschuldigst **und** mehr Einsatz erwarten wir.*
*Wir erwarten, dass du dich entschuldigst **und** mehr Einsatz.*
*Mehr Einsatz **und** dass du dich entschuldigst, erwarten wir.*

Satzgliedfrage: *Wen oder was erwarten wir?*
Antwort: *Mehr Einsatz und dass du dich entschuldigst* = Akkusativobjekt

Bei kurzen, formelhaften Nebensätzen (Gliedsätzen) bleibt es dem Schreiber / der Schreiberin überlassen, ob er / sie ein Komma setzt.

B Beispiel: *Wenn nötig(,) komme ich.*
Ich werde(,) wie bereits gesagt(,) an dem Fest nicht teilnehmen.

Vor **als** und **wie** steht nur dann ein Komma, wenn ein vollständiger Nebensatz (Gliedsatz) folgt.

B Beispiel: *Anke ist heute bereits größer, **als** du es im letzten Jahr um diese Zeit warst.*
*Martina ist kleiner **als** ich.*
*Du bewegst dich **wie** eine Gazelle.*

Ü 23 Handelt es sich bei den folgenden Vergleichen jeweils um ein Satzgefüge (Hauptsatz und Nebensatz / Gliedsatz) oder um einen einfachen Hauptsatz? Setze entsprechend die fehlenden Kommas.

- Beim Wettkampf heute Morgen ist Anja viel schneller gelaufen als gestern im Training.
- Komm so rechtzeitig wie du kannst.
- Die Aufgaben konnte ich schneller lösen als ich erwartet hatte.
- Es läuft alles wie geschmiert.

- Ich bin beeindruckt wie umsichtig du mit den Kindern umgehst.
- Er rannte wie ein Blitz über den Sportplatz.
- Ich werde mich noch besser auf die Klassenarbeiten vorbereiten als ich es bisher getan habe.
- Das Wasser spritzte wie eine Fontäne aus der angebohrten Leitung.

Das Komma bei Zusätzen und nachgestellten Erläuterungen

Einschübe, Zusätze oder nachgestellte Erläuterungen werden durch Komma vom übrigen Satz abgetrennt, weil sie deutlich den Lesefluss unterbrechen.

B

Beispiel: *Johann Wolfgang von Goethe, der bekannteste deutsche Dichter, wurde 1749 in Frankfurt am Main geboren.*
Ich werde dich in der nächsten Woche besuchen, und zwar am Mittwoch.

Ü 24

Sprich die folgenden Beispielsätze laut und trenne alle Wörter und Wortgruppen, die den Lesefluss unterbrechen, durch Kommas ab.

- Der Junge außer sich vor Freude kam auf mich zu.
- Ulrike meine beste Freundin kann leider nicht zu meinem Geburtstag kommen.
- Wir standen den Koffer gepackt in der Hotelhalle und warteten auf das Taxi.
- Sie saß auf der Mauer ganz in Gedanken versunken.
- Er ohne ein Bewusstsein für die Gefahr kletterte auf den Felsvorsprung.
- Gemüse besonders Möhren und Schwarzwurzeln isst er gern.
- Das Knie böse verletzt so hinkte er nach Haus.
- Die Wohnung meiner Tante an der Straße gelegen ist besonders laut.
- Mein Fahrrad ich habe es zum Geburtstag bekommen muss geflickt werden.

Im Einzelnen sind folgende Regelungen wichtig:

Zu den sehr häufig verwendeten Zusätzen, die durch Komma abgetrennt werden, gehören die Appositionen; das sind nachgestellte nähere Erklärungen zu einem Nomen/Substantiv.
Eine Apposition besteht mindestens aus einem Nomen/Substantiv, zu dem weitere Wortarten hinzukommen können.
Eine Apposition besitzt den gleichen grammatischen Fall wie das Bezugsnomen/-substantiv, hinter dem sie steht.

B Beispiel: *Maximilian, mein bester Freund, hat mir eine Kinokarte geschenkt.*
Bezugswort Apposition

Ü 25 Unterstreiche im folgenden Text alle Appositionen und setze die fehlenden Kommas.

Mücke der Spaßvogel

Mücke der gemütliche Tankwart lehnt gelangweilt an einer Zapfsäule und döst vor sich hin. Da kommt ein kleines, verbeultes Auto ein richtiger Oldtimer angetuckert. Der Fahrer ein Mann mit karierter Schirmmütze steigt aus und ruft: „Bitte volltanken!“
„Soll ich den Kleinen auch gleich noch etwas aufbügeln?“, fragt Mücke der Spaßvogel.

Ü 26 Im Folgenden sind immer zwei Hauptsätze abgedruckt. Bilde aus dem zweiten Hauptsatz jeweils eine Apposition und füge diese in den ersten Satz hinter das Bezugswort ein. Denk beim Aufschreiben daran, dass die Apposition durch Kommas vom übrigen Satz abgetrennt wird.

- Maximilian hat mir eine Kinokarte geschenkt. – Er ist mein bester Freund. (s.o.)
- Meine Großmutter backt am liebsten Pfannkuchen. – Sie sind ihre Spezialität.
- Yvonne hat beim Klassenspiel 20 Punkte erzielt. – Sie ist unsere beste Sportlerin.
- Peter Härtling hat ein neues Buch veröffentlicht. – Er ist ein bekannter deutscher Kinderbuchautor.
- Klaus hat schon wieder eine Scheibe eingeworfen. – Er ist ein Lausebengel.
- Johannes Gutenberg ist in Mainz geboren. – Er ist der Erfinder der Buchdruckerkunst.
- Meinolf Welle wird am Sonntag 40 Jahre alt. – Er ist der Leiter des Jugendzentrums.
- Mein Opa verbringt fast jedes Wochenende am See. – Er ist ein leidenschaftlicher Angler.

Ist die Apposition Teil eines Namens, entfallen die Kommas.

B Beispiel: *Karl der Große wurde 800 n. Chr. zum Kaiser gekrönt.*

Eingeschobene Hauptsätze (Parenthesen) werden durch Kommas vom übrigen Satz abgetrennt. Einschübe dieser Art können auch durch Gedankenstriche (s. S. 51) abgetrennt oder in Klammern (s. S. 53) eingeschlossen werden.

B Beispiel: *Dieses Auto, es hat schon 160 000 km gelaufen, würde ich niemals kaufen.*

Mehrteilige Zeit-, Orts- und Literaturangaben werden vom übrigen Satz durch Kommas abgetrennt. Das Komma am Ende dieser Angaben kann entfallen.

B Beispiel: *Das Treffen findet Dienstag, den 1. August(,)*[1] *statt.*
Bis zum letzten Jahr haben wir in Bielefeld, Heinstraße 6(,) gewohnt.
In der Zeitschrift „Praxis Deutsch“, 23. Jahrgang, Mai 1996, S. 34-39(,) wird über ein „Ferienlesebuch“ berichtet.

[1] Das Komma ist hier freigestellt, weil die Datumsangabe entweder als Teil einer Aufzählung oder als Apposition angesehen werden kann.

Durch Komma abgetrennte nachträgliche Erläuterungen am Satzende werden häufig durch folgende Ausdrücke eingeleitet:
d. h., das heißt, z. B., zum Beispiel, u. a., unter anderem, und zwar, nämlich, insbesondere, besonders.

B Beispiel: *Ich spiele gern Karten,* ***besonders*** *oft Skat.*
Im Ferienlager werden wir viel unternehmen, ***zum Beispiel*** *auch eine eintägige Wanderung.*

Ü 27 Unterstreiche in den folgenden Beispielsätzen die nachträglichen Erläuterungen am Satzende und setze die Kommas.

- Am Schloss in Heidelberg haben wir Menschen unterschiedlichster Nationalität gesehen vor allem Amerikaner und Japaner.
- Ich mag eigentlich jede Gemüseart besonders jedoch Blumenkohl.
- Du solltest zum Arzt gehen und zwar sofort.
- Er hat nur einen großen Wunsch zu Weihnachten nämlich ein neues Fahrrad.
- Ich bin begeistert von Frankreich insbesondere von der Bretagne.
- Die Lebenshaltungskosten sind in vielen Ländern höher als in Deutschland z. B. in Schweden und in Dänemark.
- Meine Oma liest trotz ihres hohen Alters noch sehr viel vor allem Kriminalromane.
- Wir haben etwas gegen Blattläuse nämlich unseren biologisch abbaubaren Brennnesselsud.
- In der Stadt habe ich viele Bekannte getroffen u. a. meinen Klassenlehrer.

Wörter oder Wortgruppen, die durch ein hinweisendes Wort im Satz angekündigt werden, werden durch Komma abgetrennt. Das gilt auch, wenn das hinweisende Wort hinter den Ausdrücken steht, auf die es sich bezieht. Hinweisende Wörter können zum Beispiel sein: **daran, darauf, dazu, es...**

B Beispiel: *Sie dachte nicht* ***daran****, den Haupthahn abzudrehen.*
Er schaffte ***es****, die Aufgabe zu lösen.*
Die Großmutter zu besuchen, ***darauf*** *freute sich das Kind ganz besonders.*
So*, ohne festes Schuhwerk, durchquerten sie das Geröllfeld.*

Ü 28 Unterstreiche in den folgenden Beispielsätzen die hinweisenden Wörter und grenze die Wörter oder Wortgruppen, auf die sie sich beziehen, durch Kommas ab.

- Ich habe dich immer wieder darauf hingewiesen einen Helm zu tragen.
- Sie erinnerte mich daran die Haustür zu schließen.
- Eine Urkunde zu erhalten das ist mein größter Wunsch.
- Dazu alles hinzuwerfen wirst du mich niemals bringen.
- Du hast es verdient belohnt zu werden.
- Ich freue mich darauf dich zu sehen.
- Laut lachend so fand ich sie vor.
- Dich anzurufen das habe ich immer wieder versucht.
- Er schaffte es die Schraube zu lösen

Wörter oder Wortgruppen, die der Schreiber oder die Schreiberin besonders hervorheben möchte, können ebenfalls durch Kommas abgetrennt werden.

B Beispiel: *Sie wanderten(,) trotz des Regens(,) vergnügt über den Bergkamm.*
Der kleine Junge lief(,) laut weinend(,) auf seine Mutter zu.
Er brach(,) entgegen aller Vernunft(,) noch am Abend auf.
Sie machte sich(,) ganz allein(,) auf den Weg.

Ü 29 Trage in den folgenden Text die fehlenden Kommas ein. Überwiegend geht es um eingeschobene Zusätze und nachgestellte Erläuterungen.

Herr Schmitz heißt auf Chinesisch Chang

Etwa 75 Millionen Chinesen haben den gleichen Familiennamen nämlich „Chang". Damit ist „Chang" der häufigste Name der Welt. In den westlichen Ländern auch in Deutschland sind die „Schmiede" am häufigsten vertreten. Allerdings gibt es hier eine ganze Reihe von verschiedenen Schreibweisen zum Beispiel „Schmied" „Schmidt" „Schmitt" und „Smith". Die jüngste Volkszählung in den USA sie ist einige Zeit her ergab etwa 2,3 Millionen Menschen die auf den Namen „Smith" hören. An zweiter Stelle lagen die „Millers".

Ü 30 Auch im folgenden Brief sind viele Einschübe und nachgestellte Erläuterungen enthalten. Setze die fehlenden Kommas.

Schloss Neuhaus den 10. Juli

Lieber Michael

ich möchte dir gern von meinen Plänen für die großen Ferien hoffentlich beginnen sie bald schreiben. Dienstag den 24. Juli besuche ich zunächst einmal meinen Brieffreund. Er wohnt ganz in deiner Nähe Bielefelder Straße 152 2. Stock. Vielleicht können wir uns bei ihm einmal treffen. Eventuell kannst du ja auch eine Nacht bleiben. Monika und Gesine seine Schwestern sind nämlich in Frankreich wahrscheinlich mit der Sportjugend. Daran ihm vorher von dir zu schreiben habe ich leider nicht gedacht.

Nach meinem Besuch bei meinem Brieffreund werde ich noch einige Tage in Cuxhaven genauer gesagt in Duhnen dem Badeort von Cuxhaven verbringen. Die Jugendherberge dort ist ganz prima vor allem das Essen und die moderne Einrichtung.
Am Freitag den 7. August muss ich dann leider wieder zurück sein. Meine Oma Anni mein größter Sponsor für plötzliche Reisegelüste wird nämlich 75 und da möchte ich unbedingt dabei sein.
Du könntest ruhig auch einmal schreiben vor allem von deinen Plänen.

Tschüs[1]

Julius

[1] Der Gruß am Schluss eines Briefes erhält kein Satzzeichen.

Das Komma bei Anreden und Ausrufen

> Das Komma trennt Anreden, Ausrufe oder Ausdrücke, mit denen der Schreiber oder die Schreiberin Stellung bezieht, vom übrigen Satz ab.

1. Das Komma bei Anreden

B Beispiel: *Klaus, gibst du mir bitte das Buch.*
Für dich, liebe Monika, habe ich diese Blumen mitgebracht.

2. Das Komma bei Ausrufen

B Beispiel: *Ach, das habe ich noch nicht gewusst!*
Du siehst sehr schlecht aus, oh weh!

3. Das Komma bei Ausdrücken, mit denen der Schreiber oder die Schreiberin Stellung bezieht und wertet

Dazu zählen Verneinungen, Bestätigungen, Bitten.

B Beispiel: *Nein, dazu bin ich nicht bereit.*
Lasst mich nicht allein, bitte.
Du willst in der Jugendherberge übernachten, eine gute Idee.

Ü 31

Unterstreiche in den folgenden Beispielsätzen die Anreden, Ausrufe und Ausdrücke, mit denen gewertet wird, und setze die Kommas.

- Tatsächlich du hast das Geheimnis gelöst.
- Ich habe welch ein Ärger deinen Vortrag nur zur Hälfte gehört.
- Pia könntest du einmal zu mir kommen.
- Oh das freut mich.
- Bleiben Sie doch zum Essen bitte.
- Danke ich bin leider schon satt.
- Na gut wir werden es uns für ein anderes Mal aufheben.
- Ja das ist eine gute Idee.

Ü 32

Trage in den folgenden Brief die fehlenden Kommas ein. Im Wesentlichen handelt es sich um Anreden, Ausrufe und Ausdrücke, mit denen die Schreiberin Stellung bezieht und wertet.

Liebe Annika — Marienloh, den 12. Juli

ich muss dir unbedingt schreiben. Denn ich war am letzten Wochenende auf dem Rockkonzert. Wir haben doch vorher am Telefon darüber gesprochen. Erinnerst du dich? Mein kleiner Bruder war auch mit leider. Na ja ich will mich nicht beklagen; eigentlich ist er ganz nett. Außerdem hat er mir eine Limo ausgegeben ein feiner Zug von ihm. Du kennst ihn doch auch gut nicht wahr?
Aber ich wollte nichts über meinen Bruder erzählen sondern über das Konzert. Ach ja ich habe noch vergessen zu schreiben wo das Konzert stattgefunden hat. Auf den Paderwiesen war es eine gute Idee von den Veranstaltern. Denn dort passen mindestens 5 000 Leute hin und die waren auch da.
Die Musik war absolute Spitze wirklich. Na ja die Vorgruppen waren nicht ganz so gut. Aber als um 21.00 Uhr die Hauptband auftrat war die Begeisterung riesengroß. Annika du hättest dort sein sollen. Ich habe drei Stunden nur getanzt! Aber du konntest ja wegen deines Wettkampfes nicht kommen schade. Beim nächsten Mal klappt es vielleicht. Wie geht es dir denn so? Hast du dich mit deinem Freund ausgesprochen? Du das hörte sich beim letzten Mal wirklich nicht so gut an was du mir berichtet hast! Ach ja so ist es nun mal mit den Jungen. Lass die Ohren nicht hängen und schreib möglichst bald bitte!

Deine Johanna

Hier kann ein Komma gesetzt werden

Es gibt einige Fälle, in denen es dem Schreiber / der Schreiberin überlassen ist ein Komma zu setzen oder nicht.

1. Bei kurzen, formelhaften Nebensätzen

B Beispiel: *Ich werde(,) wie gesagt(,) erst am Donnerstag kommen.*
Wenn möglich(,) bringe ich meine Schwester mit.

2. Zur Vermeidung von Missverständnissen

B Beispiel: *Er versprach(,) dem Mädchen sofort zu helfen. Er versprach dem Mädchen(,) sofort zu helfen.*
Ich hoffe täglich(,) wieder ins Stadion zu können. Ich hoffe(,) täglich wieder ins Stadion zu können.

3. Zur Verdeutlichung der Gliederung eines Ganzsatzes

Manchmal kann es in Sätzen sinnvoll sein, Wortgruppen durch Kommas abzutrennen, um die Lesbarkeit zu verbessern. Dabei kann es sich zum Beispiel um **Infinitiv-** oder **Partizipgruppen** handeln, die durch Komma abgetrennt werden.

B Beispiel: *Anke ist nicht bereit(,) <u>zu dieser Veranstaltung etwas beizusteuern</u>, obwohl wir sie mehrfach darum gebeten haben.* (Infinitivgruppe)
Etwas Anstrengenderes(,) <u>als hier zu arbeiten</u>(,) kann ich mir nicht vorstellen. (Infinitivgruppe)
Er versuchte(,) <u>durch zahlreiche Briefe ermuntert</u>(,) einen Neuanfang und schaffte es schließlich auch mit viel Einsatz und Energie. (Partizipgruppe)
<u>Durch den Ordner dazu aufgefordert</u>(,) haben die Fans die Eingänge frei gemacht. (Partizipgruppe)

Auch zwischen Sätzen, die durch **und** bzw. **oder** verbunden sind, kann der Schreiber / die Schreiberin ein Komma setzen, wenn die Lesbarkeit verbessert wird.

B Beispiel: *Ich besuchte am Nachmittag Felicitas(,) und Klaus ging währenddessen zum Schwimmen.*
Ich warte auf dich(,) oder Mareike muss sich so lange hier aufhalten.
Immer wieder passiert es, dass Autos im Winter ins Schleudern geraten(,) und dass sie im Graben landen, wenn die Geschwindigkeit nicht angepasst ist.

Ü 33

Im Folgenden sind Sätze aufgeführt, die alle vom Regelwerk geforderten Zeichen enthalten. Überlege, wo zusätzliche Kommas gesetzt werden könnten, damit man die Sätze besser lesen kann und Missverständnisse vermieden werden.

- Er hatte nie die Absicht das Haus zu verlassen und später wies er immer wieder darauf hin, dass er nichts anderes vor Gericht gesagt habe.
- Ich möchte gern das Abitur machen, und wenn das klappt, werde ich mir vielleicht eine Lehrstelle als Zahntechniker suchen um in einem Beruf zu arbeiten, der mir bestimmt Spaß macht.
- Ich traf mich mit Michael und Bärbel kam auch, was mich sehr überraschte, da sie sich nicht angemeldet hatte.
- Die Künstlerin malt ein Bild von einem Kind und von ihrem Mann wird gerade das Essen zubereitet.
- Obwohl er sehr durchtrainiert ist und obwohl es keinen Grund gibt an seiner Leistungsfähigkeit zu zweifeln, sollten wir noch ein zusätzliches Gutachten einfordern um ganz sicher zu sein, dass wir die richtige Entscheidung gefällt haben.
- Paul versprach am Freitag zu kommen.
- Die Annahme, dass seine Tochter zurückkäme, erfüllte sich leider nicht und darüber war er sehr traurig.
- Er musste die gesamte Lektion lernen oder die nächste Arbeit würde eine Fünf werden, was er auf keinen Fall riskieren wollte.
- Achim ist bereit zum Geburtstag seines kleinen Bruders eine leckere Torte zu backen.

Kommaregeln im Überblick

Komma

zwischen Aufzählungen			in Satzgefügen		bei Einschüben und nachgestellten Erläuterungen	bei Anreden und Ausrufen
Das Komma steht zwischen gleichrangigen, unverbundenen Wörtern und Wortgruppen.	Das Komma steht zwischen gleichrangigen, unverbundenen Sätzen.	Das Komma steht vor entgegensetzenden Konjunktionen.	Das Komma steht zwischen Haupt- und Nebensatz.	Das Komma steht zwischen Nebensätzen, die voneinander abhängen.	Einschübe oder nachgestellte Erläuterungen werden durch Komma vom übrigen Satz abgetrennt.	Anreden, Ausrufe oder Ausdrücke, die eine Stellungnahme des Schreibers/der Schreiberin verdeutlichen, werden durch Komma abgetrennt.
• Sie isst am liebsten Fisch, Salat, Gemüse und Brot. • Er hat versprochen den Rasen zu mähen, die Beete zu säubern und den Hof zu fegen.	• Ich arbeite, Pauline liest, Frank schläft und Jonas mäht den Rasen. • Setz dich, nimm das Heft heraus und beginn mit der Aufgabe!	• Er wird nicht heute kommen, sondern erst übermorgen.	• Ich mag dich, weil du immer so schön lächelst.	• Obwohl mir das Fahrrad, das ich mir angeschaut habe, gut gefällt, kaufe ich es nicht.	• Astrid, unsere schnellste Läuferin, ist leider verletzt. • Ich komme bereits morgen, und zwar mit dem Zug.	• Sabine, kannst du mir bei den Hausaufgaben helfen? • Sie kann nicht kommen, leider.

Semikolon

Das Semikolon trennt Einzelsätze innerhalb einer Satzreihe oder Wortgruppen voneinander, wenn ein Komma vom Schreiber als zu schwach oder ein Punkt als zu stark empfunden wird. Vor *denn, daher, deshalb, darum, aber, jedoch, hingegen* wird manchmal ein Semikolon anstelle eines Kommas oder Punktes gesetzt.
Nach dem Semikolon wird klein weitergeschrieben, wenn die Wortart es erfordert.

B

Beispiel: *Er hatte es eilig; denn um Mitternacht musste er zu Hause sein.*
An dieser Tankstelle wird verkauft: Benzin, Autoöl und Ersatzteile; Schokolade, Käse und Getränke; Zeitschriften und Taschenbücher; Zigaretten, Tabak und Zigarren.

Ü 34

Trage in die folgenden Beispielsätze an den passenden Stellen ein Semikolon ein.

- Das Fußballspiel ist schon zu Ende ich bleibe jedoch noch eine gewisse Zeit im Stadion.
- Lange genug hatte sie gewartet jetzt ging sie nach Hause.
- Auf der Kirmes gibt es zu sehen: Kinderkarussels, Achterbahn und Autoscooter Bratwurstgrill, Popcornbude und Pizzastand Losbuden, Schießstände und Pfeilwerfen.
- Michael Ende hat unter anderem diese Kinder- und Jugendbücher geschrieben: „Jim Knopf und Lukas der Lokomotivführer“ „Die unendliche Geschichte“ „Momo“ „Der lange Weg nach Santa Cruz“.
- Ich möchte in den Ferien so gern eine Radtour mit meiner Freundin machen aber meine Eltern sind leider dagegen.
- Ein Mittelstürmer muss über unterschiedliche Fähigkeiten verfügen vor allem muss er Torinstinkt besitzen.

Ü 35

Im Folgenden sind jeweils zwei Satzreihen abgedruckt. In einer Satzreihe ist ein Semikolon sinnvoll, in der anderen eher ein Punkt. Schreibe die Sätze mit den passenden Zeichen auf.
Achte auch auf die Rechtschreibung.

- Die Angelegenheit ist längst vergessen – A/aber du fängst wieder damit an.
  Vor drei Jahren hast du mir die Beule in mein Auto gefahren – I/ich kann wirklich nicht verstehen, warum du heute noch davon sprichst.
- Das Wetter hat sich enorm verschlechtert – D/dennoch komme ich.
  Kräftige Gewitterwolken sind am Horizont zu sehen – D/die Zoobesucher spannen deshalb ihre Schirme auf oder suchen Schutz im großzügig gestalteten Affenhaus.
- Am Freitag baut der Schützenverein das Festzelt auf – D/diesmal werde ich leider keine Zeit haben dabei zu helfen, weil ich zu einem Geburtstag eingeladen bin.
  Ich helfe dir beim Aufbau des Zeltes – A/aber es ist das letzte Mal.

Doppelpunkt

Der Doppelpunkt zeigt an, dass etwas Weiterführendes folgt. Das können Aufzählungen, besondere Angaben oder weiter gehende Erklärungen sein. Steht nach dem Doppelpunkt ein vollständiger Satz, wird in der Regel groß begonnen. Ansonsten erfolgt die Schreibweise entsprechend der Wortart, mit der die Weiterführung beginnt.

B Beispiel: *Wir stellen ein: zwei Fachverkäufer/-innen*
eine Auszubildende
zwei Kurierfahrer

Es gab nur eines, was er wollte: Ruhe.

Das Sprichwort sagt: Wer andern eine Grube gräbt, fällt selbst hinein.

Steht nach dem Doppelpunkt ein vollständiger Satz, der das Vorausgehende zusammenfasst oder eine Schlussfolgerung daraus beinhaltet, kann mit Kleinschreibung begonnen werden. Der Ausdruck vor dem Doppelpunkt und der Satz danach können in diesem Fall als ein Ganzsatz angesehen werden.

B Beispiel: *Vorsuppe, Salat, Hauptgericht und Nachtisch: alles war vorzüglich.*

Wenn du deine Hausaufgaben gemacht hast, wenn dein Zimmer aufgeräumt ist und wenn du eingekauft hast: dann kannst du ins Schwimmbad fahren.

Ü 36 Bei der folgenden Übung musst du jeweils zu einem Ausdruck der linken Spalte einen passenden Ausdruck der rechten Spalte suchen. Schreibe die Kombinationen auf, setzte dabei den Doppelpunkt und entscheide, ob groß- oder kleingeschrieben werden muss.

• In seinem Gesicht spiegelte sich nur eins	• WIR müssen Freunde bleiben.
• Ein französisches Sprichwort sagt	• BLANKE Wut.
• Für Ihre Wanderung benötigen Sie	• „RONJA Räubertochter“
• Dies wollte er auf keinen Fall	• IRGENDWANN kommt der Wolf aus dem Wald.
• Koffer und Handtasche, Schirm und Fotoapparat	• FESTES Schuhwerk, Regenkleidung und Verpflegung für mehrere Stunden.
• Dieses sind bekannte Nebenflüsse der Donau	• GLÜCK.
• Astrid Lindgren	• ALLEIN im Zelt bleiben.
• Niemals solltest du es vergessen	• ALLES war weg.
• Wir wünschen ihm das, was er so nötig braucht	• ILLER, Lech, Isar, Inn.

Der Doppelpunkt steht vor der wörtlichen Rede, wenn diese durch einen Redebegleitsatz angekündigt wird.

B Beispiel: *Sie sagte: „Wir müssen jetzt gehen.“*
Er rief: „Kommt zu mir!“
Jonas fragte: „Wohin fahren wir heute?“

Ü 37 Suche zu den Redebegleitsätzen aus der linken Spalte jeweils eine passende wörtliche Rede aus der rechten Spalte und schreibe den Gesamtausdruck mit dem Doppelpunkt auf.

• Der Leiter sprach mit ruhiger Stimme • Andrea flüsterte leise • Ihre Freundin Clara erwiderte selbstbewusst • Yvonne fragte zögernd • Ihr Freund entgegnete • Jonas rief mit lauter Stimme vom anderen Ufer • Zum Schluss stellte Lukas noch die Frage	• „Wäre es nicht besser gewesen eine einfache Brücke zu bauen?" • „Kommt endlich rüber, ihr Feiglinge!" • „Ich habe etwas Angst, weil ich nicht so gut schwimmen kann." • „So ein kleiner Fluss macht mir nichts aus." • „Natürlich, wir können doch nicht über das Wasser gehen!" • „Wenn wir zum Zeltplatz zurückkommen wollen, müssen wir diesen Fluss durchqueren." • „Müssen wir wirklich durch den Fluss schwimmen?"

Ü 38 In den folgenden beiden Texten fehlen die Doppelpunkte. Trage sie ein.

Angler unter sich

Vier Angler sitzen zusammen und unterhalten sich angeregt. Der erste sagt „Ich angele, weil das Angeln für mich eine ideale Sportart ist." Da entgegnet der zweite „Ich angele, weil ich auf diese Weise meine Nerven beruhigen kann." Der dritte meint „Ich angele aus reiner Langeweile." Zum Schluss äußert sich der vierte „Ich angele, weil ich gelegentlich einen Fisch fangen möchte."

Ungleiche Boten

Rudolf Kirsten

Der Adler hörte einst viel Rühmens von der Nachtigall und hätte gern Gewissheit gehabt, ob alles auf Wahrheit beruhe. Darum schickte er den Pfau und die Lerche aus; sie sollten ihr Federkleid betrachten und ihren Gesang belauschen. Als sie wiederkamen, sprach der Pfau „Der Anblick ihres erbärmlichen Kittels hat mich so verdrossen, dass ich ihren Gesang gar nicht gehört habe." Die Lerche sprach „Ihr Gesang hat mich so entzückt, dass ich vergaß, auf ihr Federkleid zu achten."

Anführungszeichen

Anführungszeichen werden aus unterschiedlichen Gründen gesetzt:

1. Zur Kennzeichnung der wörtlichen (direkten) Rede
2. Zur Kennzeichnung von wörtlich übernommenen Textstellen (Zitate)
3. Zur Hervorhebung und Bewertung von einzelnen Wörtern oder Wortgruppen innerhalb eines Textes

1. Die Zeichensetzung in der wörtlichen Rede

Vor und hinter der wörtlichen Rede steht jeweils ein Anführungszeichen. Das gilt auch für wörtlich wiedergegebene Gedanken.
Die wörtliche Rede wird häufig von einem Redebegleitsatz eingeleitet, unterbrochen oder abgeschlossen.

B Beispiel:

Monika sagte: „Am Nachmittag werde ich mit dir in die Stadt fahren."
„Am Nachmittag", sagte Monika, „werde ich mit dir in die Stadt fahren."
„Am Nachmittag werde ich mit dir in die Stadt fahren", sagte Monika.

Ü 39 Versieh im folgenden Text die Aussagen des Wolfes mit einer durchgezogenen Linie, die des Hundes mit einer gestrichelten Linie und die Redebegleitsätze mit einer Wellenlinie.

Hund und Wolf — **nach Phädrus**

Ein Wolf, der sehr stark abgemagert war, traf eines Tages auf einem Hof einen wohlgenährten Hund. „Du siehst ja glänzend aus. Ich, der ich so viel stärker bin als du, muss beinahe verhungern. Wie schaffst du es nur, so auszusehen?", wollte der Wolf wissen. Der Hund entgegnete: „Du kannst es genau wie ich haben. Du musst nur einen Herrn finden, dem du dienen darfst. Außerdem musst du auf das Haus aufpassen und vor allem in der Nacht wachen."

„Ich muss im Winter den Schnee ertragen und im Sommer die Hitze. Viel angenehmer stelle ich es mir vor, in einem Haus zu leben. Das will ich in Zukunft tun. Hast du einen Herrn für mich?“, fragte der Wolf. Der Hund sagte ohne zu zögern: „Du kannst meine Stelle haben; ich überlasse sie dir.“

„Eine Frage habe ich noch“, erwiderte der Wolf auf das Angebot. „Warum ist dein Hals so wund?“ „Ich bin“, sagte der Hund, „so scharf, dass mein Herr mich am Tage festbinden muss. Nur in der Dämmerung darf ich frei herumlaufen. Dafür bekomme ich aber die köstlichsten Speisen.“

„Da ist mir die Freiheit wichtiger!“, rief der Wolf und verließ den Hund.

Je nach Satzart in der wörtlichen Rede und der Stellung des Redebegleitsatzes werden die Zeichen folgendermaßen gesetzt:

Der Redebegleitsatz steht vor der wörtlichen Rede

Redebegleitsatz: „Aussagesatz.“	*Er sagte: „Wir kommen.“*
Redebegleitsatz: „Fragesatz?“	*Sie fragte: „Wann kommt ihr?“*
Redebegleitsatz: „Aufforderungssatz!“	*Er rief: „Kommt sofort her!“*

Der Redebegleitsatz steht hinter der wörtlichen Rede

„Aussagesatz“, Redebegleitsatz.	*„Wir kommen“, sagte er.*
„Fragesatz?“, Redebegleitsatz.	*„Wann kommt ihr?“, fragte sie.*
„Aufforderungssatz!“, Redebegleitsatz.	*„Kommt sofort her!“, rief er.*

Der Redebegleitsatz unterbricht die wörtliche Rede

„Aussagesatz“, Redebegleitsatz, „Aussagesatz.“

„Ich werde sofort kommen“, erwiderte sie, „und die Unterlagen mitbringen.“

„Fragesatz“, Redebegleitsatz, „Fragesatz?“

„Hast du wirklich“, fragte sie, „alle Unterlagen vergessen?“

„Aufforderungssatz“, Redebegleitsatz, „Aufforderungssatz!“

„Geht sofort zurück“, befahl er, „und lasst die Rucksäcke liegen!“

Ü 40 Versieh in den folgenden Sätzen die Redebegleitsätze mit einer Wellenlinie und unterstreiche die wörtliche Rede. Setze anschließend alle Satzzeichen.

- Kannst du mir bei dieser Übung helfen fragte Anke
- Andreas entgegnete Das werde ich ganz bestimmt nicht vergessen
- Der Mittelstürmer rief Spiel den Ball doch früher ab
- Verpasst bloß den Bus nicht sagte der Vater energisch
- Wir sind noch nie zu spät gekommen entgegneten die Kinder
- Hast du etwa deinen eigenen Geburtstag vergessen fragte seine Frau
- Ich habe immer wieder versucht schluchzte sie euch anzurufen
- Wie soll ich Ihnen denn die Haare schneiden fragte der Frisör
- Am Donnerstag wird die Sonne scheinen meinte ihre Mutter
- Achtet noch genauer darauf ermahnte der Polizist eindringlich die Grundschüler von welcher Seite das Auto kommt
- Geh mir aus der Sonne sprach der Philosoph

Ü 41 Auch in den folgenden Witzen fehlen alle Satzzeichen. Trage sie ein.

Missverständnis

In der Nacht ruft aufgeregt ein Mann bei seinem Hausarzt an und stammelt
Bitte, kommen Sie sofort Meine Frau hat Fieber
Ist es hoch fragt der Arzt
Nein sagt der Mann in der ersten Etage

Die sportliche Fliege

Der Gast eines Restaurants fragt empört Was macht denn die Fliege in meiner Suppe Interessiert beugt sich der Ober vor und meint Von hier aus sieht es aus wie Rückenschwimmen

Anglerlatein

Ein Angler erzählt stolz Ich habe neulich aus dem See einen Hecht geholt Der war drei Meter lang
Und ich habe gestern einen Kronleuchter mit brennendem Licht aus einem Fluss gezogen erwidert ein anderer Angler
Das ist eine verdammte Lüge ruft empört der erste
Mach du erst mal deinen Hecht etwas kleiner meint zum Schluss der zweite dann knipse ich auch das Licht aus

2. Die Kennzeichnung von wörtlichen Übernahmen (Zitate)

Titel von Büchern, Filmen, Gedichten oder Ähnliches, zitierte Überschriften oder die Namen von Zeitungen werden in der Regel in Anführungszeichen gesetzt.

B

Beispiel: *Die Wochenzeitschrift „Die Zeit" berichtet in ihrer neuesten Ausgabe...*
Ingeborg Bachmanns Gedicht „Reklame" ist in zahlreichen Schulbüchern abgedruckt.

Ü 42

In den folgenden Beispielen sind jeweils Titel oder Ähnliches enthalten, die durch Anführungsstriche kenntlich gemacht werden sollen.

- Die Kurzgeschichte Nachts schlafen die Ratten doch wurde unmittelbar nach dem Zweiten Weltkrieg von Wolfgang Borchert geschrieben.
- Die Gedichte Das Böse von Arthur Rimbaud und Der Krieg von Georg Heym sind dem Sammelband Gedichte gegen den Krieg entnommen.
- Im Lokalteil berichtet die Neue Westfälische ausführlich von dem Brand in der Teppichfabrik.
- Der Film Der mit dem Wolf tanzt bemüht sich um eine objektive Darstellung der Indianerwelten.
- Ungewöhnlich hohes Preisniveau . Mit dieser Schlagzeile beginnt die Süddeutsche Zeitung ihren Leitartikel.
- Theodor Fontane erzählt in seiner Ballade John Maynard von einem Steuermann, der ein brennendes Schiff ans Ufer lenkt und dabei ums Leben kommt, während alle Passagiere gerettet werden.

Wörtliche Übernahmen (Zitate) aus Büchern, Briefen, Schriftstücken oder Ähnliches müssen durch Anführungszeichen kenntlich gemacht werden.

Nachts schlafen die Ratten doch (Textbeginn) **Wolfgang Borchert**

Das hohle Fenster in der vereinsamten Mauer gähnte blaurot voll früher Abendsonne. Staubgewölke flimmerte zwischen den steil gereckten Schornsteinresten. Die Schuttwüste döste.
Er hatte die Augen zu. Mit einmal wurde es noch dunkler. Er merkte, dass jemand gekommen war und nun vor ihm stand, dunkel, leise.

Wenn man einen literarischen Text beschreiben und deuten oder den Gedankengang eines argumentativen Textes wiedergeben will, ist es sinnvoll mit dem Wortmaterial der Textvorlage zu arbeiten und Zitate zu verwenden. Dabei gibt es unterschiedliche Möglichkeiten. In jedem Fall sollte in Klammern hinter dem zitierten Ausdruck oder Satz die Fundstelle angegeben werden (z. B.: S. 2, Z. 14).

1. Zitate mit hinweisendem Begleitsatz

Steht vor, innerhalb oder hinter dem Zitat ein hinweisender Begleitsatz, erfolgt die Kennzeichnung wie bei der wörtlichen Rede. Das gilt vor allem für den Fall, dass ganze Sätze zitiert werden.

B

Beispiel: *Wolfgang Borchert beginnt seine Kurzgeschichte mit der bildhaften Beschreibung:*
„Das hohle Fenster in der vereinsamten Mauer gähnte blaurot voll früher Abendsonne" (Z. 1–2).

„Die Schuttwüste döste" (Z. 3), so kennzeichnet der Autor die zerstörte Landschaft.
Möglich ist auch:
„Die Schuttwüste döste" (Z. 3). So kennzeichnet der Autor die zerstörte Landschaft.

„Er merkte", so schreibt Wolfgang Borchert, „dass jemand gekommen war." (Z. 4-5).

2. Eingebaute Zitate

Eleganter kann es oft sein, wenn Zitate in den eigenen Satzbau eingefügt werden. Der Doppelpunkt entfällt dann. Wird nur der Satzanfang zitiert, so wird je nach Wortart groß- oder kleingeschrieben. Wird jedoch ein ganzer Satz eingefügt, so bleibt die Großschreibung zu Beginn bestehen.

B

Beispiel: *Mit den Personifikationen „gähnte" (Z. 1) und „döste" (Z. 3) verdeutlicht der Autor den Zusammenhang zwischen der zerstörten Umgebung und der erzwungenen Passivität der Menschen.*

Unvermittelt wird die Hauptperson mit dem Personalpronomen „er" (Z. 4) eingeführt.

Der Aussagesatz „Mit einmal wurde es noch dunkler" (Z. 4) dient als Spannungselement.

Manchmal erfordert es der eigene Satzbau, die Endung zitierter Wörter zu verändern. In diesem Fall werden die geänderten Wortendungen in Klammern gesetzt.

B Beispiel: *Es sind vor allem die „steil gereckten Schornsteinreste(n)" (Z. 2), die eine unheimliche Atmosphäre vermitteln.*

Wenn nur Teile eines zitierten Satzes wiedergegeben werden, werden die Auslassungen durch drei Punkte gekennzeichnet.

B Beispiel: *„Er merkte, dass jemand ... vor ihm stand" (Z. 4-5). Wie eine Bedrohung nimmt der Junge das Erscheinen des alten Mannes zunächst wahr.*

Eine wörtliche Rede, ein Titel oder ein Zitat innerhalb eines Zitats werden durch halbe Anführungszeichen kenntlich gemacht.

B Beispiel: *Die Rednerin begann ihren Vortrag mit der Behauptung: „Wolfgang Borcherts Kurzgeschichte ‚Nachts schlafen die Ratten doch' gehört zu den in der Schule am häufigsten gelesenen Erzählungen."*

Bezieht sich der Schreiber oder die Schreiberin unmittelbar auf eine bestimmte Textstelle, die jedoch nicht wörtlich übernommen wird, wird dieses mit **vgl. Z...** gekennzeichnet.

B Beispiel: *Der Junge sitzt in sich gekehrt mit geschlossenen Augen da (vgl. Z. 4).*

Ü 43

Im Folgenden sind der Schlussteil der Kurzgeschichte „Nachts schlafen die Ratten doch“ und eine Beschreibung und Deutung (Interpretation) dieses Abschnitts abgedruckt. Die notwendigen Zitate fehlen jedoch. Im Originaltext sind sie unterstrichen und mit einer Ziffer versehen, in der Interpretation steht an der Stelle, wo das Zitat eingefügt werden soll, nur die entsprechende Ziffer. Schreibe den Text mit den eingefügten Zitaten neu auf.

Nachts schlafen die Ratten doch (Schlussteil) **Wolfgang Borchert**

...Aber das hörte der Mann schon nicht mehr. Er lief(1) mit seinen krummen Beinen auf die Sonne(4) zu. Die war schon rot vom Abend, und Jürgen konnte sehen, wie sie durch die Beine hindurchschien(5), so krumm waren sie. Und der Korb schwenkte(2) aufgeregt(3) hin und her. Kaninchenfutter war da drin. Grünes Kaninchenfutter(6), das war etwas grau vom Schutt(7).

Beschreibung und Deutung des Schlussteils

Im Gegensatz zum Textbeginn ist die Atmosphäre im Schlussteil verändert. Im Mittelpunkt stehen nicht mehr die zerstörte Umgebung, die Ausweglosigkeit und Passivität, sondern Hoffnung und Aktivität. Die Personalformen (1) und (2) verdeutlichen dieses zum Beispiel. Auch das Adverbiale (3) zeigt, dass die Freude am Leben neu geweckt worden ist.
Eine besondere Bedeutung hat in diesem Schlussteil die (4). Sie dient als Symbol für die Wärme und die Chance auf einen Neuanfang, die unmittelbar mit dem Verhalten des alten Mannes zusammenhängt. Nicht ohne Grund schreibt Borchert (5).
Der Korb, den der Mann trägt, enthält (6). Auch diese Farbe besitzt Symbolcharakter, das Grün ist ein Zeichen des Lebens, der aufkeimenden Hoffnung.
Dieses alles spielt sich jedoch in einer vom Krieg zerstörten Welt ab. Darüber kann auch das menschliche Handeln des Mannes nicht hinwegtäuschen. Daher ist das Futter im Korb (7).

3. Die Hervorhebung durch Anführungszeichen

Anführungszeichen werden gesetzt, wenn Ausdrücke, über die etwas ausgesagt wird, hervorgehoben werden sollen.
Anführungszeichen können auch bedeuten, dass der Schreiber oder die Schreiberin eine bestimmte Wertung vornehmen möchte (z. B. Ironie).

B

Beispiel: *Das Wort „Philosoph" kommt aus dem Griechischen. Es ist zusammengesetzt aus den Bestandteilen „philos" (=Freund) und „sophia" (=Weisheit).*

Du bist wirklich ein „echter Freund". (Gemeint ist das Gegenteil.)

Ü 44

In den folgenden Beispielsätzen fehlen die Anführungszeichen, mit denen einzelne Ausdrücke hervorgehoben bzw. bewertet werden sollen. Trage sie ein.

- Der Sommer war wirklich hervorragend . (Es hat nur geregnet.)
- Der Begriff Philologie wird im 16. Jahrhundert mit gelehrte Beschäftigung mit Literatur und Geschichte übersetzt.
- Die Präposition in kann sowohl mit dem Dativ als auch mit dem Akkusativ stehen.
- Der Angeklagte ist nach eigenen Aussagen nur 86 km/h gefahren. (50 km/h ist die Höchstgeschwindigkeit in der Stadt.)
- Das Wort Aphorismus kommt aus dem Griechischen und bedeutet Gedankensplitter; kurzer, aber inhaltsreicher Gedanke .
- Patrick hat sich darüber beklagt, dass er nur eine 2+ geschrieben hat. (Ich würde mich darüber sehr freuen.)

Gedankenstrich

Der Gedankenstrich steht vor und nach eingeschobenen Wörtern, Wortgruppen oder Sätzen (Parenthesen). Handelt es sich bei den Einschüben um Fragen oder Ausrufe, steht das Fragezeichen oder Ausrufezeichen vor dem zweiten Gedankenstrich. Ein Schlusspunkt entfällt. Einschübe dieser Art können auch durch Kommas oder Klammern abgetrennt werden.

B

Beispiel: *Wir wollen immer – und nicht nur heute – darauf vertrauen, dass unser Ziel erreicht wird.*
Ich traf gestern – welch ein Zufall! – meinen ehemaligen Klassenlehrer.

Ü 45

Trage in die folgenden Sätze die fehlenden Gedankenstriche ein.

- Ich behaupte und ich werde Recht behalten , dass wir einen neuen Trainer bekommen.
- Es war und ich möchte das noch einmal betonen der schönste Augenblick in meinem Leben.
- Ich wähle und das nicht zum ersten Mal diese Partei.
- Martina war und das möchte ich besonders hervorheben eine gute Klassensprecherin.
- Er will noch in dieser Saison und das ist besonders schade den Verein verlassen.
- Ich werde im Gegensatz zu allen anderen Bewohnern unseres Hauses nicht in Urlaub fahren.
- Du hast mir was hast du dir dabei eigentlich gedacht? schon wieder die Scheibe eingeworfen.
- Dein Fahrrad ich habe es dir doch gerade erst neu gekauft stand die ganze Woche draußen im Regen.

Ü 46

Das folgende Gedicht enthält einen Einschub, der noch nicht gekennzeichnet ist. Setze die beiden Gedankenstriche.

Die Nase **Heinz Erhardt**

Wenngleich die Nas, ob spitz, ob platt,
zwei Flügel Nasenflügel hat,
so hält sie doch nicht viel vom Fliegen;
Das Laufen scheint ihr mehr zu liegen.

Der Gedankenstrich bezeichnet innerhalb eines Satzes eine längere Pause oder einen plötzlichen Stopp in der Darstellung.

B

Beispiel: *Plötzlich – ein Aufschrei!*
„Du bist ein gemeiner – !", schrie er.
Achtung – fertig – los!

Der Gedankenstrich steht, wenn bei einem Gespräch innerhalb einer Zeile der Sprecher wechselt und der Redebegleitsatz fehlt. Auch den Wechsel des Themas zwischen zwei Sätzen kann der Gedankenstrich deutlich machen.

B

Beispiel: *„Besuchst du mich heute Nachmittag?" – „Selbstverständlich."*
Das war die Wiederholung. – Kommen wir nun zu etwas ganz Neuem.

Ü 47

In dem folgenden Gespräch sind nur die Satzschlusszeichen gesetzt. Es fehlen die Anführungszeichen. Trage außerdem die Gedankenstriche dort ein, wo der Sprecher/die Sprecherin wechselt.

Genau genommen

Du darst jetzt gehen. Darf ich das? Du kannst gehen, ich sagte es bereits. Das sagtest du nicht. Willst du jetzt wohl gehen! Will ich eigentlich nicht. Du sollst jetzt gehen! Soll ich oder ...? Geh jetzt! Habe ich dich richtig verstanden, dass ich nicht nur darf, sondern auch kann, wenn ich will ...(er ruft aus sicherer Entfernung) ... ich sollte doch wohl besser gehen!

Klammern

Mit Klammern können innerhalb eines Satzes erklärende Zusätze oder Nachträge eingeschlossen werden. Dabei kann es sich um Ziffern, einzelne Wörter, Wortgruppen oder ganze Sätze, die nicht besonders betont werden, handeln. Anstelle der Klammern können häufig auch Kommas oder Gedankenstriche gesetzt werden.

B Beispiel: *Andreas Möller (Borussia Dortmund) schoss für die Nationalmannschaft das 2:1 (68. Min.).*
Albert Einstein war (vielen ist das nicht bekannt) nur ein mittelmäßiger Schüler.

Ausrufezeichen oder Fragezeichen, die zum eingeschobenen oder nachgestellten Zusatz gehören, stehen vor der schließenden Klammer. Ein Schlusspunkt entfällt innerhalb der Klammer.

B Beispiel: *Das Formular ist vollständig auszufüllen (unbedingt mit der Maschine schreiben!) und innerhalb einer Woche (keine Fristverlängerung möglich!) zurückzuschicken.*

Du hast schon wieder vergessen (oder bin ich falsch informiert?) den Jahresbeitrag zu überweisen.

Ü 48 Schreibe die folgenden Sätze ab und füge die Klammerausdrücke, die darunter stehen, an den passenden Stellen ein.

- Bertolt Brecht musste während der Zeit der nationalsozialistischen Gewaltherrschaft emigrieren.
  (geb. 1898 in Augsburg) (1933-1945)
- Zwei Mädchen des Hainberg-Gymnasiums gewannen beim Regionalwettbewerb „Jugend forscht" den zweiten Platz.
  (15 u. 16 J.)

- Dein Brief hat mich sehr beeindruckt und ich freue mich auf unser Treffen.
  (war es schon mal anders?)
- Astrid Lindgren gilt als die erfolgreichste Kinderbuchautorin der Welt.
  (jeder kennt sie)
- Eines ihrer spannendsten Bücher ist „Ronja Räubertochter".
  (du musst es unbedingt lesen!)
- Astrid Lindgren erhielt zahlreiche Auszeichnungen.
  (national und international)
- Viele der von ihr geschaffenen Figuren zeichnen sich durch Selbstbewusstsein, Selbstständigkeit und eine kritische Distanz zur Erwachsenenwelt aus.
  (zum Beispiel „Pippi Langstrumpf", „Michel"...)

Auslassungszeichen/Apostroph

Ein Apostroph zeigt vor allem an, dass in einem Wort ein oder mehrere Laute ausgelassen werden, die gewöhnlich gesprochen oder geschrieben werden. Im Einzelnen gelten folgende Regeln:

> Eigennamen erhalten im Genitiv (Wes-Fall) einen Apostroph, wenn sie im Nominativ mit einem s-Laut enden (**-s, -ss, -ß, -tz, -z, -x, -ce**). Steht vor dem Eigennamen im Genitiv ein Artikel oder Pronomen, wird kein Apostroph gesetzt.

B

Beispiel: *Aristoteles' Schriften wurden neu aufgelegt.*
Die Schriften des Aristoteles wurden neu aufgelegt.

Ines' Geburtstag feiern wir morgen.
Den Geburtstag unserer kleinen Ines feiern wir morgen.

Ü 49

Entscheide, ob in den folgenden Sätzen die unterstrichenen Eigennamen einen Apostroph erhalten müssen oder nicht. Setze ihn gegebenenfalls.

- Lukas Ball ist auf das Dach geflogen.
- Die Verteidigungsrede des Sokrates war sehr beeindruckend.
- Hera war Zeus Frau.
- Ich werde mir am Nachmittag Johannes neues Zimmer anschauen.
- Felix Taschenlampe funktioniert wirklich prima.
- Die Strahlen der Venus sind besonders gut zu sehen.
- Dichte Urwälder reichen bis zu den Ufern des Amazonas.
- Fritz Führerscheinprüfung haben wir ausgiebig mit Mineralwasser gefeiert.

Wörter mit Auslassungen, die ohne Zeichen schwer zu lesen oder missverständlich sind, erhalten einen Apostroph.
Kein Apostroph steht bei Auslassungen, die nicht als ungewöhnlich empfunden werden. Das gilt vor allem für das ausgelassene e.

B Beispiel: *Mächt'ge Wellen eroberten den Strand.*
Das Wasser rauscht', das Wasser schwoll.
Ich hab(e) noch einen Koffer in Berlin.
Kommt (ein)mal zu mir!

Werden im Wortinneren mehrere Buchstaben ausgelassen, steht ebenfalls ein Apostroph.

B Beispiel: *Kö'platz = Königsplatz*
Borussia M'gladbach = Borussia Mönchengladbach

Auslassungspunkte

Mit drei Punkten wird verdeutlicht, dass in einem Text Sätze, Wörter oder Buchstaben ausgelassen werden. Stehen die Auslassungspunkte am Ende eines Satzes, entfällt der Schlusspunkt. Frage- und Ausrufezeichen werden jedoch gesetzt.

B Beispiel: *Andrea schrie noch: „Sei vorsich...!" Da war es bereits passiert.*
Scher dich zum T...!
Mit dem bekannten Satz „Und wenn sie nicht gestorben sind ..." enden viele Märchen.

Ü 50 Besonders wichtig sind die Auslassungspunkte bei gekürzten, wörtlichen Übernahmen (Zitate, vgl. S. 46-49) aus anderen Texten. Schreibe den folgenden Auszug aus einer Rede neu auf, indem du die unterstrichenen Teile weglässt und die Auslassungen durch drei Punkte kenntlich machst.
So kannst du beginnen:
Der Staatsminister führte aus: „Unsere Gesellschaft ist bei weitem noch keine behindertenfreundliche Gesellschaft ... Noch

Redeausschnitt

Unsere Gesellschaft ist bei weitem noch keine behindertenfreundliche Gesellschaft, wie wir alle wissen. Noch immer gibt es zahlreiche Widerstände, die ein gleichberechtigtes und angemessenes Leben erschweren. Einiges ist in den letzten Jahren geschehen. Bürgersteige wurden abgeflacht, öffentliche Gebäude durch Rampen zugänglich gemacht, Vereine öffneten sich für diese Gruppierung. Aber hat eine wirkliche Integration stattgefunden? Ich meine, hier muss noch viel getan werden. Vor allem im Berufsleben gibt es noch keine wirkliche Integration, wie wir den Statistiken entnehmen können. Zahlreiche Firmen entledigen sich der gesetzlich geforderten Pflicht Behinderte zu einem bestimmten Prozentsatz einzustellen, indem sie einen finanziellen Ausgleich zahlen. Hier ist der Gesetzgeber erneut gefordert. Wir müssen dafür sorgen, dass behinderte Mitmenschen geeignete Arbeitsplätze erhalten, um ein attraktives und gleichberechtigtes Leben führen zu können...

Schrägstrich

Mit dem Schrägstrich wird verdeutlicht, dass Wörter (Abkürzungen, Namen), Zahlen oder Ähnliches eng zusammengehören.

Im Einzelnen gilt:

Der Schrägstrich kann mehrere Möglichkeiten kennzeichnen. Er steht dann stellvertretend für Verbindungswörter wie **und, oder, bzw.**

B Beispiel: *Die Schüler/Schülerinnen dürfen sich während der Pause nicht im Klassenraum aufhalten.*
Im Sommersemester 97/98 finden zu diesem Thema keine Veranstaltungen statt.

Mit dem Schrägstrich werden Telefonnummern, Aktenzeichen und Ähnliches gegliedert.

B Beispiel: *05252/999999*
Az I/97/271/Bu
Re.-Nr. 96/112

Mit dem Schrägstrich können Größen- und Zahlenverhältnisse gekennzeichnet werden. Der Schrägstrich vertritt dann die Wörter **je** oder **pro.**

B Beispiel: *100 Tiere/ha (= 100 Tiere pro Hektar)*
im Durchschnitt 120 km/h (= im Durchschnitt 120 Kilometer pro Stunde)

Ü 51 Trage in die folgenden Beispielsätze die fehlenden Schrägstriche ein.

- Bewerber Bewerberinnen sollten bis spätestens Januar 1997 ihre Unterlagen eingereicht haben.
- Im Zeitraum Februar März finden dann die Bewerbungsgespräche statt.
- Der Vorgang trägt das Aktenzeichen II 747 B.
- Im Zeitraum Herbst Winter des folgenden Jahres werden dann weitere Einstellungen vorgenommen.
- Für die Übergangszeit werden Aushilfsstellen für Studentinnen Studenten und volljährige Schüler Schülerinnen eingerichtet.
- Mit durchschnittlich 80 Neueinstellungen Jahr liegen wir in der Region Paderborn Bielefeld an der Spitze.

Ergänzungsstrich

Ein Ergänzungsstrich wird gesetzt, wenn mehrere abgeleitete oder zusammengesetzte Wörter den gleichen Bestandteil haben, dieser Bestandteil aber nur einmal genannt wird. Er muss dann sinngemäß ergänzt werden.

B Beispiel: *Freiland- und Balkonpflanzen*
An- und Verkauf
Autobatterien, -reifen, -lacke

Ü 52 Schreibe die folgenden Sätze ab und verkürze sie, indem du die wiederholten Wortbestandteile durch Ergänzungsstriche ersetzt.

- Am Vorlesewettbewerb werden alle Gymnasien, Realschulen, Hauptschulen und Sonderschulen teilnehmen.
- Wir führen Sportschuhe, Sporthosen und Sportpullover.
- An Sonntagen und Feiertagen bleibt unser Geschäft geschlossen.
- Einfahrt und Ausfahrt bitte freihalten.
- Ich lese am liebsten Abenteuergeschichten und Gespenstergeschichten.
- Von 10 bis 12 Uhr ist das Einladen und Ausladen erlaubt.
- Hier können Sie Riesenkaninchen und Zwergkaninchen kaufen.
- Gartentore und Garagentore führen wir schon seit Jahren nicht mehr.

Übungstexte

Mit den folgenden Texten kannst du noch einmal die Zeichensetzung üben. Trage die fehlenden Zeichen ein. Schau anschließend im Lösungsteil nach, ob du alles richtig gemacht hast. Du kannst dir die Texte auch diktieren lassen oder sie auf Kassette sprechen und sie dir auf diesem Weg selbst diktieren.

Ü 53

Hartes Gericht

Herr Ober wie nennen Sie dieses Gericht   fragt der Gast
Hüttenkäse   entgegnet dieser
Darauf meint der Besucher   Dann habe ich wahrscheinlich gerade auf ein Stück Tür gebissen

Ü 54

Hundefutter

Dieses Hundefutter kann ich Ihnen besonders empfehlen   prahlt der Verkäufer
Was ist denn so Besonderes daran   will Lukas wissen der einen Hund geschenkt bekommen hat
Da entgegnet der Verkäufer   Es wurde etwas Briefträgerhose eingearbeitet.

Ü 55

Menschenaffen

Gisela Preuschoff

Dass die Menschen und die Affen miteinander verwandt sind hast du bestimmt schon gehört Wenn du ihnen im Zoo zusiehst merkst du es selbst Affen spielen wie du mit deinen Kameraden sie verstecken sich wenn sie Angst haben sie hauen sich wenn sie wütend sind hüpfen und springen vor Freude wie Kinder.
Menschen Halbaffen und Affen werden in der Naturkunde Primaten genannt Sie alle haben Greifhände und sehr gute Augen mit denen sie Farben unterscheiden und Entfernungen abschätzen können Auf unserer Erde gibt es heute noch über 200 verschiedene Affenarten Der Gorilla ist der größte der Zwergseidenaffe der kleinste Er ist kaum größer als deine Hand

Ü 56

Der starke Gorilla

Gisela Preuschoff

Ein ausgewachsener Gorilla der auf den Hinterbeinen steht ist größer als ein Mensch und dreimal so schwer Und wenn er sich auf den gewaltigen Brustkorb trommelt kann man schon Angst bekommen Das Trommeln bedeutet in seiner Sprache Siehst du wie stark ich bin Hau ab Den Gorillas reicht diese Geste Ernsthafte Kämpfe finden selten statt denn sie sind überaus friedliche Geschöpfe Gorillas leben im Flachland und in den feuchten Bergwäldern Zentralafrikas Die meiste Zeit verbringen sie am Boden wobei sie sich beim Laufen mit den Vorderarmen aufstützen

Ü 57 Der Wolf Stammvater aller Hunde

Vom Wolf stammen alle Haushunde ab Ungefähr vor 12.000 Jahren begannen Menschen Wölfe zu zähmen und aus ihnen Haustiere zu züchten Sie haben immer die Tiere ausgesucht die die besten Jäger oder Wächter waren Auf diese Weise sind bis heute viele Hunderassen entstanden auch die Jagdhunde und Wachhunde Die Schlittenhunde der Eskimos sind eine Kreuzung aus Wolf und Hund. Sie sind stark und ausdauernd wie Wölfe und treu und anhänglich wie Haushunde

Den Wolf haben Menschen in vielen Ländern ausgerottet und sie verfolgen ihn noch immer Die Hunde dagegen sind die liebsten Haustiere des Menschen geworden

Tiere die so eng wie Wölfe zusammenleben brauchen eine Art Sprache Am Gesichtsausdruck und am Körper kann ein Wolf erkennen was ein anderer Wolf ausdrücken will Wölfe kräuseln die Nase und fletschen die Zähne wenn sie drohen oder sie gucken ihr Gegenüber nur starr an Die ranghöheren Wölfe eines Rudels sind leicht an ihrer stolzen Haltung zu erkennen Wenn die Welpen Hunger haben betteln sie mit der Pfote um Nahrung Wölfe bellen knurren und heulen auch Jeder Wolf hat eine andere Stimme Mit ihrem Geheul verständigen sie sich bei der gemeinsamen Jagd

Ü 58 Tierbändiger und Dompteure

Susanne Schmidt-Barbo

Ein Dompteur bringt Raubtiere dazu durch Reifen zu springen Männchen zu machen oder auf schmalen Brettern zu balancieren Dompteure sind strenge Lehrer und sie müssen immer auf der Hut sein damit sie von den Löwen Tigern und Panthern nicht angegriffen werden Raubtiere möchten wissen wer der Stärkste unter ihnen ist und sie messen ihre Kräfte auch mit dem Dompteur Damit die Tiere ihm gehorchen muss er Tricks anwenden Er macht ihnen Angst und lockt sie mit Futter Wenn man weiß wie Raubtiere in der freien Wildbahn leben ahnt man dass sie sich in einem Zirkus und in engen Käfigen bestimmt nicht wohl fühlen

Ü 59 Zirkuskinder

Susanne Schmidt-Barbo

Kinder die im Zirkus leben lernen schon von klein auf am Trapez durch die Luft zu turnen Handstand auf einem reitenden Pferd vorzuführen und andere schwierige Kunststücke Um gute Artisten zu werden müssen sie täglich üben Oft müssen sie außerdem putzen die Tiere füttern und sich um Geschwister kümmern Solange sie auf Reisen sind können die Kinder in keine normale Schule gehen Wenn sie größer werden müssen sie sich entscheiden ob sie weiter mit dem Zirkus herumziehen wollen oder an einem Ort bleiben möchten um dort einen neuen Beruf zu erlernen

Ü 60 Dinosaurier

Hermann Krekeler

Schon lange bevor es Menschen auf der Welt gegeben hat war die Erde von Tieren bewohnt Es gab kleine und große Landtiere Vögel und Fische in den Gewässern Die größten Tiere die jemals auf dem Land gelebt haben waren die Dinosaurier Ei-

nige von ihnen waren 30 Meter lang und hatten das Gewicht von zwanzig ausgewachsenen Elefanten Aber kein Mensch hat je einen lebenden Saurier gesehen Sie sind seit vielen Millionen Jahren ausgestorben Was wir über sie wissen hat man aus Spuren erschlossen die sie hinterlassen haben versteinerte Knochen Zähne Fußabdrücke Man weiß zwar wie sie ausgesehen haben aber vieles aus dem Leben der Saurier wird immer ein Geheimnis bleiben
Die meisten Saurier haben sich von Pflanzen ernährt Sie fraßen Farne und andere Gewächse die sie an den Ufern der Seen und Flüsse fanden Der Barosaurus mit seinem langen Hals holte sich Blätter aus den Baumkronen ähnlich den Giraffen Alle Saurier mussten täglich viele Stunden fressen um satt zu werden
Es klingt unglaublich aber die riesigen Dinosaurier haben Eier gelegt aus denen dann ihre Babys geschlüpft sind. Sie haben sich fortgepflanzt wie Eidechsen und andere Reptilien Bei Ausgrabungen haben Wissenschaftler kleine Horndinosaurier gefunden die versteinert sind als sie gerade ausschlüpfen wollten

Ü 61

Urlandschaft mit Dinosauriern — Hermann Krekeler

Niemand kann genau sagen wie die Landschaft ausgesehen hat in der die Dinosaurier diese faszinierenden Urzeitwesen gelebt haben Gewiss hat es Nadelbäume gegeben Palmen Farnkraut und Wasserpflanzen In vielen Büchern findest du Abbildungen jener urzeitlichen Pflanzen die uns bekannt sind Wenn du eine Urlandschaft bauen willst entdeckst du auf einem Spaziergang durch den Wald gewiss vieles was du dafür gebrauchen kannst Als See eignet sich gut eine flache Plastikschale Mit wasserfester Farbe malst du sie blau an oder legst sie mit blauer Folie aus Die Saurier formst du nach Vorlagen oder deiner Fantasie aus Knetmasse Wenn du in den mächtigen Körpern Hohlräume lässt und sie mit zerknülltem Papier ausfüllst werden die Tiere leichter und du sparst Knetmasse

Ü 62

Tiere und Menschen im ewigen Eis

In den Polargebieten leben die Robben und Walrosse Sie fressen Fische und andere Meerestiere und damit sie sie fangen können müssen sie ins kalte Wasser Robben und Walrosse haben nicht so ein dichtes Fell wie Eisbären aber sie frieren trotzdem nicht Diese Tiere haben nämlich unter ihrer Haut eine sehr dicke Speckschicht dadurch spüren sie die Kälte nicht Sie können auf Eisschollen liegen und schlafen auch die Jungen werden auf dem Eis geboren zum Beispiel die Kinder der Sattelrobbe Zuerst haben sie ein weiches weiß glitzerndes Fell Auch Menschen leben schon seit langer Zeit in den nördlichen Gebieten der Erde das sind die Eskimos Sie wissen wie man sich mit Pelzkleidung gegen die Kälte den ärgsten Feind der Menschen hier schützt Eskimos leben auch vom Fischfang und der Jagd denn auf dem gefrorenen Boden können sie nichts anbauen Sie ernähren sich zudem manchmal von getrocknetem Fleisch oder Fisch und Seehundspeck
Früher haben Eskimos im Winter in Hütten aus Schneeblöcken gewohnt und zwar in den Iglus Heute bewohnen sie kleine Dörfer mit farbigen Häuschen Auch in der Antarktis leben Menschen aber nicht ständig Es sind Forscher und Wissenschaftler aus vielen Ländern

Textquellen

Seite 7 Ein aufgewecktes Ei. Aus: Nikolaus Lenz: Das Buch der tausend Sensationen, Loewe Verlag, Bindlach 1993, S. 66 f.

Seite 8 Der Spinat, die Gesundheit und der Kommafehler. Aus: Nikolaus Lenz: Das Buch der tausend Sensationen, Loewe Verlag, Bindlach 1993, S. 124

Seite 14 Manz, Hans: Kinder allesamt. Aus: Hans-Joachim Gelberg (Hg.): Überall und neben Dir, 1986 Beltz Verlag, Weinheim/Basel, Programm Beltz & Gelberg, Weinheim, S. 76

Seite 17 Möss, Anna: Rätsel für Anna. Aus: Hans-Joachim Gelberg (Hg.): Überall und neben Dir, 1986 Beltz Verlag, Weinheim/Basel, Programm Beltz & Gelberg, Weinheim, S. 65

Seite 19 Dolder, Ursula und Willi: Orca – ein Killerwal? Aus: Dies.: Tierkinder. Nachwuchs in der Welt der Tiere, Isis Verlag AG, Chur/Schweiz 1996, S. 92

Seite 24 Eisbären. Nach: Ursula und Willi Dolder: Tierkinder. Nachwuchs in der Welt der Tiere, Isis Verlag AG, Chur/Schweiz 1996, S. 145

Seite 25 Thiel, Hans Peter: Kein Witz: Plastikbäume für die Wüste. Aus: TREFF Schülerwissen Band 4, Velber Verlag GmbH, Seelze 1992, S. 44

Seite 32 Herr Schmitz heißt auf Chinesisch Chang. Aus: Nikolaus Lenz: Das Buch der tausend Sensationen, Loewe Verlag, Bindlach 1993, S. 274

Seite 42 Kirsten, Rudolf: Ungleiche Boten. Aus: Ders.: Hundertfünf Fabeln, Logos-Verlag, Zürich 1960

Seite 46, 49 Borchert, Wolfgang: Nachts schlafen die Ratten doch (Auszüge). Aus: Ders.: Das Gesamtwerk, copyright© 1949 by Rowohlt Verlag, Hamburg

Seite 52 Erhardt, Heinz: Die Nase. Aus: Das große Heinz-Erhardt-Buch, © Fackelträger Verlag GmbH, Hannover 1970

Seite 61 Preuschoff, Gisela: Menschenaffen. Aus: TREFF Schülerbuch 1994, Velber Verlag, Seelze 1993, S. 5

Seite 61 Preuschoff, Gisela: Der starke Gorilla. Aus: TREFF Schülerbuch 1994, Velber Verlag, Seelze 1993, S. 10

Seite 62 Der Wolf, Stammvater aller Hunde. Aus: TREFF Schülerbuch 1994, Velber Verlag, Seelze 1993, S. 100

Seite 62 Krekeler, Hermann: Dinosaurier. Aus: TREFF Schülerbuch 1994, Velber Verlag, Seelze 1993, S. 37, 39, © Dr. Hermann Krekeler

Seite 62 Schmidt-Barbo, Susanne: Tierbändiger und Dompteure. Aus: TREFF Schülerbuch 1994, Velber Verlag, Seelze 1993, S. 26, © Susanne Schmidt-Barbo

Seite 62 Schmidt-Barbo, Susanne: Zirkuskinder. Aus: TREFF Schülerbuch 1994, Velber Verlag, Seelze 1993, S. 26, © Susanne Schmidt-Barbo

Seite 63 Krekeler, Hermann: Urlandschaft mit Dinosauriern. Aus: TREFF Schülerbuch 1994, Velber Verlag, Seelze 1993, S. 43 © Dr. Hermann Krekeler

Seite 63 Tiere und Menschen im ewigen Eis. Aus: TREFF Schülerbuch 1994, Velber Verlag, Seelze 1993, S. 124

Lösungen

Ü 1

Ein aufgewecktes Ei

Einen krähenden Ei-Wecker hatte eine englische Firma pünktlich zu Ostern 1989 im Angebot. Zunächst weckt dieser Wecker in Eiform mit dem Schnattern von Küken. Wenn das nichts hilft, folgt nach einiger Zeit ein Lockruf einer Henne. Zuletzt ertönt das ohrenbetäubende Krähen eines Hahnes, das auch den müdesten Zeitgenossen aus dem Bett scheucht.

Der Spinat, die Gesundheit und der Kommafehler

Spinat gilt vor allem deshalb als so gesund, weil er sehr viel Eisen enthalten soll. In Wirklichkeit beruht die hohe Wertschätzung für dieses Nahrungsmittel auf einem Fehler. Gegen Ende des vorigen Jahrhunderts hatten Ernährungswissenschaftler bei ihren Berechnungen das Komma versehentlich an die falsche Stelle gesetzt und so dem Spinat den zehnfachen Eisengehalt zugeschrieben. Heute weiß man, dass Spinat als Eisenquelle nicht mehr oder weniger wertvoll ist als anderes frisches Gemüse auch, eine gute Nachricht für viele Kinder.

Ü 2

- Andrea belegte im Weitsprung den 4. Platz.
- Wir treffen uns am Donnerstag, dem 24. September.
- Peter Härtling wurde am 13.11.1933 in Chemnitz geboren.
- Der 1. FC Köln wurde bereits mehrmals Deutscher Meister.
- Das 18. Jahrhundert wird als das Zeitalter der Aufklärung angesehen.
- Das Zielfoto ergab diese Reihenfolge: 1. Anne Lücking
  2. Monika Giesbrecht
  3. Nawal Ayyat

Ü 3

- Was musst du tun, wenn du in der Wüste eine Schlange siehst?
  Antwort i): hinten anstellen.
- Was ist die gefährlichste Jahreszeit?
  Antwort b): der Frühling, weil die Bäume ausschlagen.
- Welcher Mann hat kein Gehör?
  Antwort d): der Schneemann.
- Wie viele Eier kann ein erwachsener Mann auf nüchternen Magen essen?
  Antwort f): eins, weil er danach nicht mehr nüchtern ist.

- Was ist noch unangenehmer als ein Haar in der Suppe?
  Anwort h): Suppe im Haar.
- In welchen Zug passt nur eine Person?
  Antwort e): in den Anzug.
- Welcher Baum hat keine Wurzeln?
  Antwort g): der Purzelbaum
- Was wird nasser, wenn es trocknet?
  Antwort a): das Handtuch.
- Was ist ein Matrose, der sich ein Jahr nicht gewaschen hat?
  Antwort c): ein Meerschweinchen.

Ü 4

- Wo befindet sich Deutschlands größtes überdachtes Stadion?
- Wer hat das Abenteuerbuch „Ronja Räubertochter" geschrieben?
- Wo steht der Petersdom?
- Womit verständigten sich die ersten menschlichen Wesen?
- Wohin fährst du in den Ferien?
- Wie heißt der kleinste Planet im Sonnensystem?
- Wie viele Seen gibt es in Finnland?
- Zu welcher Familie gehört die Blindschleiche?
- Wie nennt man die größten Meerestiefen?

Ü 5

Ein vermummter Bankräuber schiebt der Dame an der Kasse einen Zettel hin: „Mäuse her – aber ein bisschen dalli!"
Die Kassiererin stutzt kurz, dreht dann den Zettel um und schreibt: „Rücken Sie Ihre Krawatte zurecht, Sie werden nämlich gerade gefilmt!" So ein Pech!

Ü 6

- Andreas, Monika, Annika, Peter und Gülben sind meine besten Freunde.
- Ich ärgere mich immer wieder über die unnützen Verpackungen, die vielen Plastiktüten und die Einwegflaschen.
- Zu den Nebenflüssen der Donau zählen Iller, Isar, Lech und Inn.
- Der Mann trug einen altmodischen, oft geflickten Pullover.
- Kurzstreckenlauf, Weitsprung und Diskuswurf gehören zu den ältesten olympischen Disziplinen.
- Sie können jederzeit kommen: morgens, mittags, abends oder nachts.
- Wir kamen völlig ausgehungert, durchnässt und sehr durstig in der Jugendherberge an.
- Ich mag Erdbeertorte mit Schlagsahne, selbst gebackenen Apfelkuchen und Zitronenrollen von unserem Bäcker ganz besonders gern.

- Er versuchte vergeblich das Auto selbst anzuschieben, ein anderes Fahrzeug zu stoppen und im nahegelegenen Dorf einen Abschleppdienst zu erreichen.
- Auf dem Spielplatz kletterten, sprangen, tobten und schrien die Kinder.
- Er lebte teils in den Bergen, teils im Tal.
- Ich bin nicht hungrig, nicht durstig, nicht schlecht gelaunt, nur müde.

Ü 7

Scherzfrage

Was ist das? Es ist rot, rund, hat zwei braune Streifen und ist unheimlich stolz.

Ü 8

Kinder allesamt **Hans Manz**

Von deinem Vater,
deiner Mutter
bist du
das Kind.

Von deinen Großvätern,
deinen Großmüttern
sind deine Eltern
die Kinder.

Von deinen Urgroßvätern,
deinen Urgroßmüttern
sind deine Großeltern
die Kinder.

Also sind
deine Großeltern,
deine Eltern
und du
allesamt Kinder.

Ü 9

- Ich werde mir ein preiswertes, umweltfreundliches Auto kaufen.
- Auf dem Wettkampf wurden zahlreiche überdurchschnittliche Leistungen erzielt.
- Die allgemeine wirtschaftliche Lage hat sich im letzten Jahr erneut verbessert.
- Junge, verspielte Hunde mag ich besonders gern.
- Wir werden ein zweistöckiges, verfallenes Haus kaufen und es renovieren.

- Dunkles bayerisches Bier ist besonders stark.
- Unser Urlaub begann mit warmem, sonnigem, windstillem Wetter.
- Ich habe mir im letzten Jahr viele neue Bücher gekauft.

Ü 10

- Wohin fährst du im Urlaub, wen nimmst du mit und wie lange bleibst du fort?
- Es regnete, der Wind pfiff um das Haus, die Fensterläden schlugen und auf einmal fiel auch noch das Licht aus.
- Komm zu mir, setz dich hin und erzähl mir alles!
- Der Vorhang öffnet sich, das Geräusch verstummt und die Musik setzt ein.
- Ich bot ihr meine Hilfe an, sie lehnte sie jedoch ab.
- Denk genau nach, erinnere dich!
- Autos fahren vorbei, Bremsen quietschen, Fußgänger hetzen über die Straße, der Arbeitstag in der Großstadt beginnt.
- Niemand hat etwas gehört, niemand hat etwas gesehen und trotzdem ist etwas passiert.

Ü 11

Rätsel für Anna **Anna Möss**

Anna hat's im Fäustelein.

Es ist nicht groß, es ist nicht klein,
es ist nicht hart, es ist nicht weich,
es ist nicht arm, es ist nicht reich,
es ist nicht schwarz, es ist nicht weiß,
es ist nicht kalt, es ist nicht heiß,
es ist nicht dick, es ist nicht dünn,
es ist nicht gelb, es ist nicht grün,
es ist nicht blau, es ist nicht rot,
es lebt nicht, ist nicht tot,
es ist nicht gut und auch nicht böse –
nun streng dich an und löse!

Öffne Annas Fäustelein.

Ü 12

Sorgfalt im Winter

Ein Autofahrer ist im Winter zu besonderer Sorgfalt verpflichtet. Er soll sich nämlich jederzeit auf seinen Wagen verlassen können.
Die Batterie sollte überprüft werden, die Bremsen müssen intakt sein, das Kühlwasser muss frostbeständig sein. Wichtig ist auch eine Überprüfung der Reifen. Sie sollten möglichst mehr als die vorgeschriebene Profiltiefe haben und können etwas härter aufgepumpt werden.

Nach Frostnächten muss der Fahrer das Eis an den Scheiben abkratzen, die Heizung schafft dies nicht sofort. Die dicke Schneehaube sollte vom Autodach gefegt werden, beim plötzlichen Bremsen rutscht sie ihm sonst vor die Frontscheibe. Bei Temperaturen unter Null sollte man die Handbremse nicht anziehen, sie kann nämlich festfrieren.
Auch Fahrradfahrer müssen ihr Gefährt wintertauglich machen. Sie setzen sich ansonsten großen Gefahren aus. Auch hier ist zum Beispiel eine Überprüfung des Reifenprofils wichtig, „blanke" Reifen sind äußerst gefährlich. Im Vorteil sind Besitzer von Mountainbikes, sie verfügen über breitere Reifen und ein tieferes Profil. Bei ganz schlechtem Wetter sollte man das Gefährt zu Hause lassen und lieber den öffentlichen Nahverkehr benutzen.

Ü 13

- Ich bin weder bereit zu schreiben noch zu telefonieren.
- Ich habe zehn Fahrräder gezählt, jedoch kein einziges Auto.
- Der Fahrer beschimpfte den Polizeibeamten nicht nur, sondern griff ihn auch tätlich an.
- Zwei Hunde, vier Wellensittiche sowie drei Rennmäuse wohnen bei mir im Haus.
- Er lief hinter dem Ladendieb her, jedoch ohne Erfolg.
- Ich lese nicht nur gern, sondern schreibe auch selbst Geschichten.
- Der April war zwar trocken, aber für die Jahreszeit viel zu kühl.
- In den Ferien besuche ich meine Freundin Eva in Köln oder bleibe zu Hause.
- Wir sollten in Kontakt bleiben bzw. schon jetzt ein neues Treffen vereinbaren.
- Ich werde mich entweder bei dir persönlich melden oder jemanden vorbeischicken.

Ü 14

Orca – ein Killerwal? **Willi und Ursula Dolder**

Mörder- oder Schwertwal wird der größte Vertreter der Familie der Delfine auch genannt, doch ist er trotz seines blutrünstigen Namens weder ein Mörder noch ein Killer. Geschichten von racheerfüllten, menschenmordenden Orcas sind Seemannsgarn. Allerdings ist der bis zu neun Meter lange Orca ein ausgezeichneter Jäger. Er ernährt sich nicht nur von Fischen, sondern auch von Vögeln, Robben, Seekühen und anderen Walarten. Oft jagen die sehr geselligen Tiere herdenweise. Dabei hat jedes Tier in einem Jagdverband eine bestimmte Aufgabe und jede Herde hat ihre eigenen Jagdmethoden. Was ein Orca einmal mit seinen 44 kräftigen, spitz zulaufenden, kegelförmigen Zähnen gepackt hat, lässt er nicht mehr los. Gemeinsame Jagdbeute wird nach erfolgreicher Jagd gemeinsam verzehrt.

Zur Verständigung, aber auch zur Ortung von Beutetieren verfügen die in Gruppen von 3 bis 20, manchmal bis zu 50 Tieren lebenden Orcas über verschiedene Lautäußerungen: kurze, schnelle Klicklaute, verschiedene Töne und Pfiffe sowie kurze, laute Schreie. Orcas leben in allen Weltmeeren. Manche Gruppen ziehen weit umher, andere bleiben ihr Leben lang in den gleichen Gewässern.

Ü 15

- Bevor das Fußballspiel beginnt, wärmen sich die Spieler auf. (1.)
- Der Torjäger unserer Mannschaft, der sich im letzten Spiel verletzt hat, setzt sich auf die Auswechselbank. (3.)
- Obwohl noch nicht alle Plätze besetzt sind, pfeift der Schiedsrichter das Spiel an. (1.)
- Der Torwart der gegnerischen Mannschaft hat alle Hände voll zu tun, während sein Gegenüber gelangweilt im Strafraum sitzt. (2.)
- Weil der Libero zu weit vorgerückt ist, taucht der Mittelstürmer plötzlich allein vor dem Tor auf. (1.)
- Der Schuss ist so heftig, dass der Torwart den Ball nur abklatschen kann. (2.)
- Der Libero, der inzwischen zurückgeeilt ist, schlägt den Ball mit Mühe ins Seitenaus. (3.)
- Die Mannschaft präsentiert sich diesmal weitaus besser, als sie es beim letzten Spiel getan hat. (2.)
- Der Schiedsrichter pfeift, obwohl noch zwei Minuten zu spielen sind, bereits jetzt zur Halbzeit. (3.)
- Als dieses der Trainer der gegnerischen Mannschaft hört, springt er von seinem Stuhl auf und schimpft lauthals. (1.)
- Der Schiedsrichter kann ihn jedoch wieder beruhigen, indem er kurz mit ihm spricht. (2.)

Ü 16

- Wir bleiben während der großen Pause in der Klasse, da es regnet.
- Nach kurzer Zeit wird es so laut, dass die Pausenaufsicht hereinkommt und uns ermahnt.
- Andreas wirft mit dem Schwamm, obwohl das nicht erlaubt ist.
- Judith schreit auf, da sie den Schwamm mitten ins Gesicht bekommen hat.
- Tobias versucht etwas Ordnung zu schaffen, indem er sich ans Lehrerpult setzt.

- Etwas leiser wird es erst, als er auf den Fingern pfeift und alle zur Rücksicht auffordert.
- Nun müssen die Schülerinnen und Schüler den Klassenraum doch noch verlassen, weil inzwischen wieder die Sonne scheint.
- Anne holt noch schnell ihr Springseil aus der Tasche, bevor auch sie nach draußen geht.

Ü 17

- Jannis besitzt ein schwarzes Skateboard, mit dem er prima fahren kann.
- Bevor er damit eine Holzrampe herunterrollt, muss er sich jedoch einen Helm aufsetzen.
- Weil heute die Sonne scheint, trifft er sich mit seinen Freunden und Freundinnen.
- Hanna bringt ihr neues Skateboard mit, das sie zum Geburtstag bekommen hat.
- Jannis zeigt ihr ein paar Kunststücke, da Hanna ihn darum gebeten hat.
- Anne leiht ihr ihre Knieschoner, damit sie sich nicht verletzt.
- Um 19.00 Uhr fährt Jannis nach Hause, obwohl er eigentlich bis 20.00 Uhr draußen bleiben darf.
- Er möchte sich nämlich um 19.30 einen spannenden Krimi im Fernsehen anschauen, über den er am Morgen etwas in der Zeitung gelesen hat.

Ü 18

Unbelehrbar

Obwohl die Polizei immer vor den Gefahren zu schnellen Fahrens warnt, obwohl auch die Automobilclubs immer wieder darauf hinweisen und obwohl beinahe täglich schwere Unfälle passieren, gibt es noch immer Unbelehrbare.
Weil er ein neues Mororrad geschenkt bekommen hatte und weil er damit vor seinen Freunden angeben wollte, schloss ein achtzehnjähriger junger Mann eine Wette ab. Er wollte die Strecke zwischen Paderborn und Bielefeld in einer Fahrzeit von 20 Minuten zurücklegen. Dass der junge Mann sein neues Motorrad zu Schrott fahren könnte, dass er sich selbst einer großen Gefahr aussetzte und dass er darüber hinaus die Gesundheit anderer gefährdete, schien den Raser nicht zu interessieren.
Bereits auf dem Zubringer zur Autobahn, die gerade erst fertig gestellt wurde und die beiden Städte verbindet, passierte es. In einer leichten Linkskurve geriet das Motorrad ins Schleudern, so dass der Unbelehrbare die Kontrolle über sein Fahrzeug verlor, stürzte und in einem Vorgarten landete.

Er kam glimpflich davon, weil er nicht auf dem Kopf landete, weil er entsprechende Kleidung trug und weil ein weicher Komposthaufen seinen Sturz abfederte.
Sein Motorrad besitzt nur noch Schrottwert, so dass der Raser in Zukunft wohl auf Bus und Bahn umsteigen wird oder sein Fahrrad aus dem Keller holen muss.

Ü 19

- Ein altes Sprichwort sagt, dass man sich liebt, wenn man sich neckt.
  Hauptsatz Gliedsatz 1 Gliedsatz 2
- Er erschrak sich, als er merkte, dass man ihn beobachtete.
  Hauptsatz Gliedsatz 1 Gliedsatz 2
- Weil sie nicht wollen, dass unsere Welt noch mehr zerstört wird, engagieren sich viele Menschen für den Umweltschutz.
  Gliedsatz 1 Gliedsatz 2 Hauptsatz
- Weil die Zahl der Fahrzeuge, die täglich auf unsereren Straßen unterwegs sind, immer mehr zunimmt, sollte das Nahverkehrsnetz unbedingt ausgebaut werden.
  Gliedsatz 1 Gliedsatz 2 Gliedsatz 1 Hauptsatz
- Radfahrer, die, obwohl es verboten ist, eine Fußgängerzone befahren, müssen mit einem Bußgeld rechnen.
  Hauptsatz Gs. 1 Gliedsatz 2 Gliedsatz 1 Hauptsatz

Ü 20

Umweltschutz

Viele Menschen gehen einer Tätigkeit nach, die nicht bezahlt wird, weil sie ehrenamtlich und freiwillig ausgeübt wird. Sie setzen sich zum Beispiel für unsere Umwelt ein, die in zunehmendem Maße dadurch zerstört wird, dass Gewässer verunreinigt, Böden vergiftet und die Luft durch Abgase verpestet wird. Obwohl sich das Bewusstsein der Menschen, die beinahe täglich durch die Medien informiert werden, in den letzten Jahrzehnten geändert hat, ist die Zukunft der Erde noch lange nicht gesichert. Die zunehmende Ozonbelastung ist ein Problem, das gelöst werden muss, damit schwerwiegende Veränderungen der Erdoberfläche verhindert werden können. Schon jetzt müssen Sportler im

Sommer auf die Ozonwerte, die bei den Gesundheitsämtern abgefragt werden können, Rücksicht nehmen und ihre Aktivitäten einschränken, obwohl viele diese Gefahren, die vor allem von Ärzten betont werden, nicht wahrhaben wollen. Auch für Menschen, die im Sommer im Freien arbeiten müssen, ist es wichtig, dass sie sich vor zu starker Sonnenbestrahlung schützen, weil das Hautkrebsrisiko steigt. Auch dies ist eine Folge der zunehmenden Umweltbelastung.
Es gibt überhaupt keinen Grund, dass wir unsere Hände in den Schoß legen, weil die Politiker die angemessenen Entscheidungen schon treffen werden. Jeder Einzelne muß dafür sorgen, dass diese Welt geschützt wird, wenn die Menschen auch im nächsten Jahrhundert noch unbeeinträchtigt und gesund leben sollen.
Ein altes Sprichwort sagt, dass wir die Welt nur von denen geborgt haben, die nach uns kommen.

Ü 21

Eisbären

Obwohl Eisbären so völlig anders aussehen als andere Bären, sind sie doch so nahe mit den Braunbären verwandt, dass es schon Kreuzungen zwischen Eis- und Braunbären gegeben hat. Für Eisbären, die seit mehr als 100 000 Jahren die Schnee- und Eisregionen rund um den Polarkreis bewohnen, hat sich der helle, dicke Pelz als sehr vorteilhaft erwiesen. Mehr als die anderen Familienangehörigen ist der Eisbär ein Einzelgänger, der weite Wanderungen unternimmt und dabei auch größere Strecken im Wasser zurücklegt.
Sobald mit Beginn der kalten Jahreszeit das Nahrungsangebot schlechter wird, gräbt sich der Eisbär eine Höhle in eine Schneewehe und lässt sich einschneien. In dieser eisigen Winterhöhle bringt die Eisbärin nach achtmonatiger Tragzeit meist zwei sehr kleine, noch unterentwickelte Junge zur Welt. Mit den Pfoten hält sie die Kleinen im Brustpelz fest, wo sie nicht nur Wärme, sondern auch die Nahrungsquelle finden.
Erst mit etwa zwei Monaten sind die kleinen Eisbären so weit, dass sie in der Geborgenheit der Schneehöhle die ersten Gehversuche machen. Mit vier bis fünf Monaten führt die Mutter sie aus der Höhle, bleibt aber noch einige Zeit in der Nähe des Verstecks, bevor sie mit den Jungen auf die Wanderschaft geht.
Einer Eisbärin, die Junge führt, sollte jeder aus dem Weg gehen.

Kein Witz: Plastikbäume für die Wüste

Hans Peter Thiel

Jeder weiß heute, wie wichtig der Baumbestand in der ganzen Welt für das Gleichgewicht in der Natur ist. Da hat das alte Sprichwort „Erst stirbt der Baum und dann der Mensch“ ganz Recht.

Wie ein Witz hört sich da zunächst einmal an, was mehrere afrikanische Staaten planen, deren Baumbestand fast schon vernichtet ist. Dort will man nicht aufforsten, sondern Plastikpalmen errichten.
Viele afrikanische Länder leben ja vom Tourismus. Mit den Plastikpalmen wollen sie ihren Besuchern zunächst einmal eine heile Welt vorgaukeln, die es dort schon lange nicht mehr gibt. Wer kann schon von einem Flugzeug aus genau sehen, ob die Palme da unten lebt oder aus Plastik ist.
Doch es gibt noch einen zweiten Grund, warum etwa Libyen, das am Tourismus gar nicht interessiert ist, 30 000 Plastikbäume in der Wüste aufstellen will. Mit Hilfe der Kunstbäume wollen die Libyer ihr Klima verändern, und zwar so: Auf den Blättern der Plastikpalmen soll sich über Nacht gefallenes Wasser sammeln, das tagsüber in der Sonne verdunstet. Man hofft, dass sich dadurch das Klima in der Nähe der Kunstwälder ändert und dass es kühler werden könnte.
So verlockend sich die Theorie anhört, dass Plastikpalmen das Klima verbessern könnten, es bleibt nur eine Theorie. Und aus Erfahrung wissen wir heute, dass unsere Versuche in die Natur einzugreifen meistens geschadet haben.

Ü 22

- Er lief, als ob ihn eine Tarantel gestochen hätte, von dem Platz fort.
- Du sitzt faul in der Sonne, anstatt dass du deine Hausaufgaben machst.
- Wir haben uns nicht häufig getroffen, aber wenn wir uns sahen, war es immer ganz herzlich.
- Wir werden die Zelte aufbauen, selbst wenn sich die Wetterlage nicht ändert.
- Die Verkehrsberuhigung in unserem Stadtteil wird sich durchsetzen, ganz gleich wie einige darüber denken.
- Das Fahren im Winter ist gefährlich, besonders wenn die Straßen vereist sind.

Ü 23

- Beim Wettkampf heute Morgen ist Anja viel schneller gelaufen als gestern im Training.
- Komm so rechtzeitig, wie du kannst.
- Die Aufgaben konnte ich schneller lösen, als ich es erwartet hatte.
- Es läuft alles wie geschmiert.
- Ich bin beeindruckt, wie umsichtig du mit den Kindern umgehst.
- Er rannte wie ein Blitz über den Sportplatz.
- Ich werde mich noch besser auf die Klassenarbeiten vorbereiten, als ich es bisher getan habe.
- Das Wasser spritzte wie eine Fontäne aus der angebohrten Leitung.

Ü 24

- Der Junge, außer sich vor Freude, kam auf mich zu.
- Ulrike, meine beste Freundin, kann leider nicht zu meinem Geburtstag kommen.
- Wir saßen, den Koffer gepackt, in der Hotelhalle und warteten auf das Taxi.
- Sie saß auf der Mauer, ganz in Gedanken versunken.
- Er, ohne ein Bewusstsein für die Gefahr, kletterte auf den Felsvorsprung.
- Gemüse, besonders Möhren und Schwarzwurzeln, isst er gern.
- Das Knie böse verletzt, hinkte er nach Haus.
- Die Wohnung meiner Tante, an der Straße gelegen, ist besonders laut.
- Mein Fahrrad, ich habe es zum Gebutstag bekommen, muss geflickt werden.

Ü 25

Mücke, der Spaßvogel

Mücke, der gemütliche Tankwart, lehnt gelangweilt an einer Zapfsäule und döst vor sich hin. Da kommt ein kleines, verbeultes Auto, ein richtiger Oldtimer, angetuckert. Der Fahrer, ein Mann mit karierter Schirmmütze, steigt aus und ruft: „Bitte volltanken!"
„Soll ich den Kleinen auch gleich noch etwas aufbügeln?", fragt Mücke, der Spaßvogel.

Ü 26

- Maximilian, mein bester Freund, hat mir eine Kinokarte geschenkt.
- Meine Großmutter backt am liebsten Pfannkuchen, ihre Spezialität.
- Yvonne, unsere beste Sportlerin, hat beim Klassenspiel zwanzig Punkte erzielt.
- Peter Härtling, ein bekannter deutscher Kinderbuchautor, hat ein neues Buch veröffentlicht.
- Klaus, dieser Lausebengel, hat schon wieder eine Scheibe eingeworfen.
- Johannes Gutenberg, der Erfinder der Buchdruckerkunst, ist in Mainz geboren.
- Meinolf Welle, der Leiter des Jugendzentrums, wird am Sonntag 40 Jahre alt.
- Mein Opa, ein leidenschaftlicher Angler, verbringt fast jedes Wochenende am See.

Ü 27

- Am Schloss in Heidelberg haben wir Menschen unterschiedlichster Nationalitäten gesehen, vor allem Amerikaner und Japaner.
- Ich mag eigentlich jede Gemüseart, besonders jedoch Blumenkohl.
- Du solltest zum Arzt gehen, und zwar sofort.
- Er hat nur einen großen Wunsch zu Weihnachten, nämlich ein neues Fahrrad.
- Ich bin begeistert von Frankreich, insbesondere von der Bretagne.
- Die Lebenshaltungskosten sind in vielen Ländern höher als in Deutschland, z. B. in Schweden und in Dänemark.
- Meine Oma liest trotz ihres hohen Alters noch sehr viel, vor allem Kriminalromane.
- Wir haben etwas gegen Blattläuse, nämlich unseren biologisch abbaubaren Brennnesselsud.
- In der Stadt habe ich viele Bekannte getroffen, u. a. meinen Klassenlehrer.

Ü 28

- Ich habe dich immer wieder darauf hingewiesen, einen Helm zu tragen.
- Sie erinnerte mich daran, die Haustür zu schließen.
- Eine Urkunde zu erhalten, das ist mein größter Wunsch.
- Dazu, alles hinzuwerfen, wirst du mich niemals bringen.
- Du hast es verdient, belohnt zu werden.
- Ich freue mich darauf, dich zu sehen.
- Laut lachend, so fand ich sie vor.
- Dich anzurufen, das habe ich immer wieder versucht.
- Er schaffte es, die Schraube zu lösen.

Ü 29

Herr Schmitz heißt auf Chinesisch Chang

Etwa 75 Millionen Chinesen haben den gleichen Familiennamen, nämlich „Chang". Damit ist „Chang" der häufigste Name auf der Welt. In den westlichen Ländern, auch in Deutschland, sind die „Schmiede" am häufigsten vertreten. Allerdings gibt es hier eine ganze Reihe von verschiedenen Schreibweisen, zum Beispiel „Schmied" „Schmidt" „Schmitt" und „Smith". Die jüngste Volkszählung in den USA, sie ist einige Zeit her, ergab etwa 2,3 Millionen Menschen, die auf den Namen „Smith" hören. An zweiter Stelle lagen die „Millers".

Ü 30

Schloss Neuhaus, den 10. Juli

Lieber Michael,

ich möchte dir gern von meinen Plänen für die großen Ferien, hoffentlich beginnen sie bald, schreiben. Am Dienstag, den 24. Juli(,) besuche ich zunächst einmal meinen Brieffreund. Er wohnt ganz in deiner Nähe,

Bielefelder Straße 152, 2. Stock. Vielleicht können wir uns bei ihm einmal treffen. Eventuell kannst du ja eine Nacht bleiben. Monika und Gesine, seine Schwestern, sind nämlich in Frankreich, wahrscheinlich mit der Sportjugend. Daran, ihm vorher von dir zu schreiben, habe ich leider nicht gedacht.
Nach meinem Besuch bei meinem Brieffreund werde ich noch einige Tage in Cuxhaven, genauer gesagt in Duhnen, dem Badeort von Cuxhaven, verbringen. Die Jugendherberge dort ist ganz prima, vor allem das Essen und die moderne Einrichtung. Am Freitag, den 7. August(,) muss ich dann leider wieder zurück sein. Meine Oma Anni, mein größter Sponsor für plötzliche Reisegelüste, wird nämlich 75 und da möchte ich unbedingt dabei sein.
Du könntest ruhig auch einmal schreiben, vor allem von deinen Plänen.

Tschüs

Julius

Ü 31

- Tatsächlich, du hast das Geheimnis gelöst.
- Ich habe, welch ein Ärger, deinen Vortrag nur zur Hälfte gehört.
- Pia, könntest du einmal zu mir kommen.
- Oh, das freut mich.
- Bleiben Sie doch zum Essen, bitte.
- Danke, ich bin leider schon satt.
- Na gut, wir werden es uns für ein anderes Mal aufheben.
- Ja, das ist eine gute Idee.

Ü 32

Liebe Annika, Marienloh, den 12. Juli

ich muss dir unbedingt schreiben. Denn ich war am letzten Wochenende auf dem Rockkonzert. Wir haben doch vorher am Telefon darüber gesprochen. Erinnerst du dich? Mein kleiner Bruder war auch mit, leider. Na ja, ich will mich nicht beklagen; eigentlich ist er ganz nett. Außerdem hat er mir eine Limo ausgegeben, ein feiner Zug von ihm. Du kennst ihn doch auch gut, nicht wahr?
Aber ich wollte nichts über meinen Bruder erzählen, sondern über das Konzert. Ach ja, ich habe noch vergessen zu schreiben, wo das Konzert stattgefunden hat. Auf den Paderwiesen war es, eine gute Idee von den Veranstaltern. Denn dort passen mindestens 5.000 Leute hin und die waren auch da.
Die Musik war absolute Spitze, wirklich. Na ja, die Vorgruppen waren nicht ganz so gut. Aber als um 21.00 Uhr die Hauptband auftrat, war die Begeisterung riesengroß. Annika, du hättest dort sein sollen. Ich habe drei Stunden nur getanzt. Aber du konntest ja wegen deines Wettkamp-

fes nicht kommen, schade. Beim nächsten Mal klappt es vielleicht. Wie geht es dir denn so? Hast du dich mit deinem Freund ausgesprochen? Du, das hörte sich beim letzten Mal wirklich nicht so gut an, was du mir berichtet hast! Ach ja, so ist es nun mal mit den Jungen. Lass die Ohren nicht hängen und schreib möglichst bald, bitte!

Deine Johanna

Ü 33

- Er hatte nie die Absicht(,) das Haus zu verlassen(,) und später wies er immer wieder darauf hin, dass er nichts anderes vor Gericht gesagt habe.
- Ich möchte gern das Abitur machen, und wenn das klappt, werde ich mir vielleicht eine Lehrstelle als Zahntechniker suchen(,) um in einem Beruf zu arbeiten, der mir bestimmt Spaß macht.
- Ich traf mich mit Michael(,) und Bärbel kam auch, was mich sehr überraschte, da sie sich nicht angemeldet hatte.
- Die Künstlerin malt ein Bild von einem Kind(,) und von ihrem Mann wird gerade das Essen zubereitet.
- Obwohl er sehr durchtrainiert ist und obwohl es keinen Grund gibt(,) an seiner Leistungsfähigkeit zu zweifeln, sollten wir noch ein zusätzliches Gutachten einfordern(,) um ganz sicher zu sein, dass wir die richtige Entscheidung gefällt haben.
- Paul versprach(,) am Freitag(,) zu kommen.
- Die Annahme, dass seine Tochter zurückkäme, erfüllte sich leider nicht(,) und darüber war er sehr traurig.
- Er musste die gesamte Lektion lernen(,) oder die nächste Arbeit würde eine Fünf werden, was er auf keinen Fall riskieren wollte.
- Achim ist bereit(,) zum Geburtstag seines kleinen Bruders eine leckere Torte zu backen.

Ü 34

- Das Fußballspiel ist schon zu Ende; ich bleibe jedoch noch eine gewisse Zeit im Stadion.
- Lange genug hatte sie gewartet; jetzt ging sie nach Hause.
- Auf der Kirmes gibt es zu sehen: Kinderkarussels, Achterbahn und Autoscooter; Bratwurstgrill, Popcornbude und Pizzastand; Losbuden, Schießstände und Pfeilwerfen.
- Michael Ende hat unter anderem diese Kinder- und Jugendbücher geschrieben: „Jim Knopf und Lukas der Lokomotivführer"; „Die unendliche Geschichte"; „Momo"; „Der lange Weg nach Santa Cruz".
- Ich möchte in den Ferien so gern eine Radtour mit meiner Freundin machen; aber meine Eltern sind leider dagegen.
- Ein Mittelstürmer muss über unterschiedliche Fähigkeiten verfügen; vor allem muss er Torinstinkt besitzen.

Ü 35

- Die Angelegenheit ist längst vergessen; aber du fängt wieder damit an. Vor drei Jahren hast du mir die Beule in mein Auto gefahren. Ich kann wirklich nicht verstehen, warum du heute noch davon sprichst.
- Das Wetter hat sich enorm verschlechtert; dennoch komme ich.
- Kräftige Gewitterwolken sind am Horizont zu sehen. Die Zoobesucher spannen deshalb ihre Schirme auf oder suchen Schutz im großzügig gestalteten Affenhaus.
- Am Freitag baut der Schützenverein das Festzelt auf. Diesmal werde ich leider keine Zeit haben dabei zu helfen, weil ich zu einem Geburtstag eingeladen bin.
- Ich helfe dir beim Aufbau des Zeltes; aber es ist das letzte Mal.

Ü 36

- In seinem Gesicht spiegelte sich nur eins: blanke Wut.
- Ein französisches Sprichwort sagt: Irgendwann kommt der Wolf aus dem Wald.
- Für Ihre Wanderung benötigen Sie: festes Schuhwerk, Regenkleidung und Verpflegung für mehrere Stunden.
- Dies wollte er auf keinen Fall: allein im Zelt bleiben.
- Koffer und Handtasche, Schirm und Fotoapparat: A/alles war weg.
- Dieses sind bekannte Nebenflüsse der Donau: Iller, Lech, Isar, Inn.
- Astrid Lindgren: „Ronja Räubertochter“
- Niemals solltest du es vergessen: Wir müssen Freunde bleiben.
- Wir wünschen ihm das, was er so nötig braucht: Glück.

Ü 37

- Der Leiter sprach mit ruhiger Stimme: „Wenn wir zum Zeltplatz zurückkommen wollen, müssen wir diesen Fluss durchqueren.“
- Andrea flüsterte leise: „Ich habe etwas Angst, weil ich nicht so gut schwimmen kann.“
- Ihre Freundin Clara erwiderte selbstbewusst: „So ein kleiner Fluss macht mir nichts aus.“
- Yvonne fragte zögernd: „Müssen wir wirklich durch den Fluss schwimmen?“
- Ihr Freund entgegnete: „Natürlich, wir können doch nicht über das Wasser gehen!“
- Jonas rief mit lauter Stimme vom anderen Ufer: „Kommt endlich rüber, ihr Feiglinge!“
- Zum Schluss stellte Lukas noch die Frage: „Wäre es nicht besser gewesen eine einfache Brücke zu bauen?“

Ü 38 Angler unter sich

Vier Angler sitzen zusammen und unterhalten sich angeregt. Der erste sagt: „Ich angele, weil das Angeln für mich eine ideale Sportart ist." Da entgegnet der zweite: „Ich angele, weil ich auf diese Weise meine Nerven beruhigen kann." Der dritte meint: „Ich angele aus reiner Langeweile." Zum Schluss äußert sich der vierte: „Ich angele, weil ich gelegentlich einen Fisch fangen möchte."

Ungleiche Boten

Rudolf Kirsten

Der Adler hörte einst viel Rühmens von der Nachtigall und hätte gern Gewissheit gehabt, ob alles auf Wahrheit beruhe. Darum schickte er den Pfau und die Lerche aus; sie sollten ihr Federkleid betrachten und ihren Gesang belauschen.
Als sie wiederkamen, sprach der Pfau: „Der Anblick ihres erbärmlichen Kittels hat mich so verdrossen, dass ich ihren Gesang gar nicht gehört habe." Die Lerche sprach: „Ihr Gesang hat mich so entzückt, dass ich vergaß, auf ihr Federkleid zu achten."

Ü 39 Hund und Wolf

nach Phädrus

Ein Wolf, der stark abgemagert war, traf eines Tages auf einem Hof einen wohlgenährten Hund. „Du siehst ja glänzend aus. Ich, der ich so viel stärker bin als du, muss beinahe verhungern. Wie schaffst du es nur, so auszusehen?", wollte der Wolf wissen.
Der Hund entgegnete: „Du kannst es genau wie ich haben. Du musst nur einen Herrn finden, dem du dienen darfst. Außerdem musst du auf das Haus aufpassen und vor allem in der Nacht wachen."
„Ich muß im Winter den Schnee ertragen und im Sommer die Hitze. Viel angenehmer stelle ich es mir vor, in einem Haus zu leben. Das will ich in Zukunft tun. Hast du einen Herrn für mich?", fragte der Wolf. Der Hund sagte ohne zu zögern: „Du kannst meine Stelle haben; ich überlasse sie dir."
„Eine Frage habe ich noch", erwiderte der Wolf auf das Angebot. „Warum ist dein Hals so wund?" „Ich bin", sagte der Hund, „so scharf, dass mein Herr mich am Tage festbinden muss. Nur in der Dämmerung darf ich frei herumlaufen. Dafür bekomme ich aber die köstlichsten Speisen."
„Da ist mir die Freiheit wichtiger!", rief der Wolf und verließ den Hund.

Ü 40

- „Kannst du mir bei dieser Übung helfen?", fragte Anke.
- Andreas entgegnete: „Das werde ich ganz bestimmt nicht vergessen."
- Der Mittelstürmer rief: „Spiel den Ball doch früher ab!"
- „Verpasst bloß den Bus nicht!", sagte der Vater energisch.
- „Wir sind noch nie zu spät gekommen", entgegneten die Kinder.
- „Hast du etwa deinen eigenen Geburtstag vergessen?", fragte seine Frau.
- „Ich habe immer wieder versucht", sagte sie, „euch telefonisch zu erreichen."
- „Wie soll ich Ihnen denn die Haare schneiden?", fragte der Frisör.
- „Am Donnerstag wird die Sonne scheinen", sagte ihre Mutter.
- „Achtet noch genauer darauf", sagte der Polizist warnend den Grundschülern, „von welcher Seite das Auto kommt!"
- „Geh mir aus der Sonne!", sagte der Philosoph.

Ü 41

Missverständnis

In der Nacht ruft aufgeregt ein Mann bei seinem Hausarzt an und stammelt: „Bitte, kommen Sie sofort! Meine Frau hat Fieber!"
„Ist es hoch?", fragt der Arzt.
„Nein", sagt der Mann, „in der ersten Etage."

Die sportliche Fliege

Der Gast eines Restaurants fragt empört: „Was macht denn die Fliege in meiner Suppe?" (!")
Interessiert beugt sich der Ober vor und meint: „Von hier aus sieht es aus wie Rückenschwimmen."

Anglerlatein

Ein Angler erzählt stolz: „Ich habe neulich aus dem See einen Hecht geholt. Der war drei Meter lang."
„Und ich habe gestern einen Kronleuchter mit brennendem Licht aus einem Fluss gezogen", erwidert ein anderer Angler.
„Das ist eine verdammte Lüge!", ruft empört der erste.
„Mach du erst mal deinen Hecht etwas kleiner", meint zum Schluss der zweite, „dann knipse ich auch das Licht aus."

Ü 42

- Die Kurzgeschichte „Nachts schlafen die Ratten doch" wurde unmittelbar nach dem Zweiten Weltkrieg von Wolfgang Borchert geschrieben.
- Die Gedichte „Das Böse" von Arthur Rimbaud und „Der Krieg" von Georg Heym sind dem Sammelband „Gedichte gegen den Krieg" entnommen.
- Im Lokalteil berichtet die „Neue Westfälische" ausführlich von dem Brand in der Teppichfabrik.
- Der Film „Der mit dem Wolf tanzt" bemüht sich um eine objektive Darstellung der Indianerwelten.
- „Ungewöhnlich hohes Preisniveau". Mit dieser Schlagzeile beginnt die „Süddeutsche Zeitung" ihren Leitartikel.
- Theodor Fontane erzählt in seiner Ballade „John Maynard" von einem Steuermann, der ein brennendes Schiff ans Ufer lenkt und dabei ums Leben kommt, während alle Passagiere gerettet werden.

Ü 43

Beschreibung und Deutung des Schlussteils

Im Gegensatz zum Textbeginn ist die Atmosphäre im Schlussteil verändert. Im Mittelpunkt stehen nicht mehr die zerstörte Umgebung, die Ausweglosigkeit und die Passivität, sondern die Hoffnung und Aktivität. Die Personalformen „lief" und „schwenkte" (Z. 1 u. 4) verdeutlichen dieses zum Beispiel. Auch das Adverbiale „aufgeregt" (Z. 4) zeigt, dass die Freude am Leben neu geweckt worden ist.
Eine besondere Bedeutung spielt in diesem Schlussteil die „Sonne" (Z. 2). Sie dient als Symbol für die Wärme und die Chance auf einen Neuanfang, die unmittelbar mit dem Verhalten des alten Mannes zusammenhängt. Nicht ohne Grund schreibt Borchert: „Jürgen konnte sehen, wie sie durch die Beine hindurchschien" (Z 2–3).
Der Korb, den der Mann trägt, enthält „grünes Kaninchenfutter" (Z. 4-5). Auch diese Farbe besitzt Symbolcharakter, das Grün ist ein weiteres Zeichen des Lebens, der aufkeimenden Hoffnung. Dieses alles spielt sich jedoch in einer vom Krieg zerstörten Welt ab. Darüber kann auch das menschliche Handeln des Mannes nicht hinwegtäuschen. Daher ist das Futter im Korb „etwas grau vom Schutt" (Z. 5).

Ü 44

- Der Sommer war wirklich „hervorragend".
- Der Begriff „Philologie" wird im 16. Jahrhundert mit „gelehrte Beschäftigung mit Literatur und Geschichte" übersetzt.
- Die Präposition „in" kann sowohl mit dem Dativ als auch mit dem Akkusativ stehen.

- Der Angeklagte ist nach eigenen Aussagen „nur“ 86 km/h gefahren.
- Das Wort „Aphorismus“ kommt aus dem Griechischen und bedeutet „Gedankensplitter; kurzer, aber inhaltsreicher Gedanke“.
- Patrick hat sich darüber beklagt, dass er „nur“ eine 2+ geschrieben hat.

Ü 45

- Ich behaupte – und ich werde Recht behalten –, dass wir einen neuen Trainer bekommen.
- Es war – und ich möchte das noch einmal betonen – der schönste Augenblick in meinem Leben.
- Ich wähle – und das nicht zum ersten Mal – diese Partei.
- Martina war – und das möchte ich besonders hervorheben – eine gute Klassensprecherin.
- Er will noch in dieser Saison – und das ist besonders schade – den Verein verlassen.
- Ich werde – im Gegensatz zu allen anderen Bewohnern unseres Hauses – nicht in Urlaub fahren.
- Du hast mir – was hast du dir dabei eigentlich gedacht? – schon wieder die Scheibe eingeworfen.
- Dein Fahrrad – ich habe es dir doch gerade erst neu gekauft – stand die ganze Woche draußen im Regen.

Ü 46

Die Nase **Heinz Erhardt**

Wenngleich die Nas, ob spitz, ob platt,
zwei Flügel – Nasenflügel – hat,
so hält sie doch nicht viel vom Fliegen;
Das Laufen scheint ihr mehr zu liegen.

Ü 47

Genau genommen

„Du darfst jetzt gehen.“ – „Darf ich das?“ – „Du kannst gehen, ich sagte es bereits.“ – „Das sagtest du nicht.“ – „Willst du jetzt wohl gehen!“ – „Will ich eigentlich nicht.“ – „Du sollst jetzt gehen!“ – „Soll ich oder...?“ – „Geh jetzt!“ – „Habe ich dich richtig verstanden, dass ich nicht nur darf, sondern auch kann, wenn ich will...(er ruft aus sicherer Entfernung)...ich sollte doch wohl besser gehen!“

Ü 48

- Bertolt Brecht (geb. 1898 in Augsburg) musste während der Zeit der nationalsozialistischen Gewaltherrschaft (1933 - 1945) emigrieren.
- Zwei Mädchen (15 u. 16 J.) des Hainberg-Gymnasiums gewannen beim Regionalwettbewerb „Jugend forscht“ den zweiten Platz.

- Dein Brief hat mich sehr beeindruckt (war es schon mal anders?) und ich freue mich auf unser Treffen.
- Astrid Lindgren (jeder kennt sie) gilt als die erfolgreichste Kinderbuchautorin der Welt.
- Eines ihrer spannendsten Bücher (du musst es unbedingt lesen!) ist „Ronja Räubertochter".
- Astrid Lindgren erhielt zahlreiche Auszeichnungen (national und international).
- Viele der von ihr geschaffenen Figuren (zum Beispiel „Pippi Langstrumpf", „Michel"...) zeichnen sich durch Selbstbewusstsein, Selbstständigkeit und eine kritische Distanz zur Erwachsenenwelt aus.

Ü 49

- Lukas' Ball ist auf das Dach geflogen.
- Die Verteidigungsrede des Sokrates war sehr beeindruckend.
- Hera war Zeus' Frau.
- Ich werde mir am Nachmittag Johannes' neues Zimmer anschauen.
- Felix' Taschenlampe funktioniert wirklich prima.
- Die Strahlen der Venus sind besonders gut zu sehen.
- Dichte Urwälder reichen bis zu den Ufern des Amazonas.
- Fritz' Führerscheinprüfung haben wir ausgiebig mit Mineralwasser gefeiert.

Ü 50

Der Staatsminister führte unter anderem aus:
„Unsere Gesellschaft ist bei weitem noch keine behindertenfreundliche Gesellschaft ... Noch immer gibt es zahlreiche Widerstände ... Vor allem im Berufsleben gibt es noch keine wirkliche Integration ... Hier ist der Gesetzgeber ... gefordert. Wir müssen dafür sorgen, dass behinderte Mitmenschen geeignete Arbeitsplätze erhalten, um ein attraktives und gleichberechtigtes Leben führen zu können."

Ü 51

- Bewerber/Bewerberinnen sollten bis spätestens Januar 1997 ihre Unterlagen eingereicht haben.
- Im Zeitraum Februar/März finden dann die Bewerbungsgespräche statt.
- Der Vorgang trägt das Aktenzeichen II/747/B.
- Im Zeitraum Herbst/Winter des folgenden Jahres werden dann weitere Einstellungen vorgenommen.
- Für die Übergangszeit werden Aushilfsstellen für Studentinnen/Studenten und volljährige Schüler/Schülerinnen eingerichtet.
- Mit durchschnittlich 80 Neueinstellungen/Jahr liegen wir in der Region Paderborn/Bielefeld an der Spitze.

Ü 52

- Am Vorlesewettbewerb werden alle Gymnasien, Real-, Haupt- und Sonderschulen teilnehmen.
- Wir führen Sportschuhe, -hosen und -pullover.
- An Sonn- und Feiertagen bleibt unser Geschäft geschlossen.
- Ein- und Ausfahrt bitte freihalten.
- Ich lese am liebsten Abenteuer- und Gespenstergschichten.
- Von 10 bis 12 Uhr ist das Ein- und Ausladen erlaubt.
- Hier können Sie Riesen- und Zwergkaninchen kaufen.
- Garten- und Garagentore führen wir schon seit Jahren nicht mehr.

Ü 53

Hartes Gericht

„Herr Ober, wie nennen Sie dieses Gericht?“, fragt der Gast.
„Hüttenkäse“, entgegnet dieser.
Darauf meint der Besucher: „Dann habe ich wahrscheinlich gerade auf ein Stück Tür gebissen.“

Ü 54

Hundefutter

„Dieses Hundefutter kann ich Ihnen besonders empfehlen“, prahlt der Verkäufer.
„Was ist denn so Besonderes daran?“, will Lukas wissen, der einen Hund geschenkt bekommen hat.
Da entgegnet der Verkäufer: „Es wurde etwas Briefträgerhose eingearbeitet.“

Ü 55

Menschenaffen — **Gisela Preuschoff**

Dass die Menschen und die Affen miteinander verwandt sind, hast du bestimmt schon gehört. Wenn du ihnen im Zoo zusiehst, merkst du es selbst. Affen spielen wie du mit deinen Kameraden; sie verstecken sich, wenn sie Angst haben, sie hauen sich, wenn sie wütend sind, hüpfen und springen vor Freude wie Kinder. Menschen, Halbaffen und Affen werden in der Naturkunde Primaten genannt. Sie alle haben Greifhände und sehr gute Augen, mit denen sie Farben unterscheiden und Entfernungen abschätzen können. Auf unserer Erde gibt es heute noch über 200 verschiedene Affenarten. Der Gorilla ist der größte, der Zwergseidenaffe der kleinste. Er ist kaum größer als deine Hand.

Ü 56 Der starke Gorilla

Gisela Preuschoff

Ein ausgewachsener Gorilla, der auf den Hinterbeinen steht, ist größer als ein Mensch und dreimal so schwer. Und wenn er sich auf den gewaltigen Brustkorb trommelt, kann man schon Angst bekommen. Das Trommeln bedeutet in seiner Sprache: „Siehst du, wie stark ich bin? Hau ab!“ Den Gorillas reicht diese Geste. Ernsthafte Kämpfe finden selten statt, denn sie sind überaus friedliche Geschöpfe. Gorillas leben im Flachland und in den feuchten Bergwäldern Zentralafrikas. Die meiste Zeit verbringen sie am Boden, wobei sie sich beim Laufen mit den Vorderarmen aufstützen.

Ü 57 Der Wolf, Stammvater aller Hunde

Vom Wolf stammen alle Haushunde ab. Ungefähr vor 12.000 Jahren begannen Menschen Wölfe zu zähmen und aus ihnen Haustiere zu züchten. Sie haben immer die Tiere ausgesucht, die die besten Jäger oder Wächter waren. Auf diese Weise sind bis heute viele Hunderassen entstanden, auch die Jagdhunde und Wachhunde. Die Schlittenhunde der Eskimos sind eine Kreuzung aus Wolf und Hund. Sie sind stark und ausdauernd wie Wölfe und treu und anhänglich wie Haushunde. Den Wolf haben Menschen in vielen Ländern ausgerottet und sie verfolgen ihn noch immer. Die Hunde dagegen sind die liebsten Haustiere des Menschen geworden.

Tiere, die so eng wie Wölfe zusammenleben, brauchen eine Art Sprache. Am Gesichtsausdruck und am Körper kann ein Wolf erkennen, was ein anderer Wolf ausdrücken will. Wölfe kräuseln die Nase und fletschen die Zähne, wenn sie drohen, oder sie gucken ihr Gegenüber nur starr an. Die ranghöheren Wölfe eines Rudels sind leicht an ihrer stolzen Haltung zu erkennen. Wenn die Welpen Hunger haben, betteln sie mit der Pfote um Nahrung. Wölfe bellen, knurren und heulen auch. Jeder Wolf hat eine andere Stimme. Mit ihrem Geheul verständigen sie sich bei der gemeinsamen Jagd.

Ü 58 Tierbändiger und Dompteure

Susanne Schmidt-Barbo

Ein Dompteur bringt Raubtiere dazu, durch Reifen zu springen, Männchen zu machen oder auf schmalen Brettern zu balancieren. Dompteure sind strenge Lehrer und sie müssen immer auf der Hut sein, damit sie von den Löwen, Tigern und Panthern nicht angegriffen werden. Raubtiere möchten wissen, wer der Stärkste unter ihnen ist, und sie messen ihre Kräfte auch mit dem Dompteur. Damit die Tiere ihm gehorchen, muss er Tricks anwenden. Er macht ihnen Angst und lockt sie mit Futter. Wenn man weiß, wie Raubtiere in der freien Wildbahn leben, ahnt man, dass sie sich in einem Zirkus und engen Käfigen bestimmt nicht wohl fühlen.

Ü 59 Zirkuskinder

Susanne Schmidt-Barbo

Kinder, die im Zirkus leben, lernen schon von klein auf am Trapez durch die Luft zu turnen, Handstand auf einem reitenden Pferd vorzuführen und andere schwierige Kunststücke. Um gute Artisten zu werden müssen sie täglich üben. Oft müssen sie außerdem putzen, die Tiere füttern und sich um Geschwister kümmern. Solange sie auf Reisen sind, können die Kinder in keine normale Schule gehen. Wenn sie größer werden, müssen sie sich entscheiden, ob sie weiter mit dem Zirkus herumziehen wollen oder an einem Ort bleiben möchten um dort einen neuen Beruf zu erlernen.

Ü 60 Dinosaurier

Hermann Krekeler

Schon lange bevor es Menschen auf der Welt gegeben hat, war die Erde von Tieren bewohnt. Es gab kleine und große Landtiere, Vögel und Fische in den Gewässern. Die größten Tiere, die jemals auf dem Land gelebt haben, waren Dinosaurier. Einige von ihnen waren 30 Meter lang und hatten das Gewicht von zwanzig ausgewachsenen Elefanten. Aber kein Mensch hat je einen lebenden Saurier gesehen. Sie sind seit vielen Millionen Jahren ausgestorben. Was wir über sie wissen, hat man aus Spuren erschlossen, die sie hinterlassen haben: versteinerte Knochen, Zähne, Fußabdrücke. Man weiß zwar, wie sie ausgesehen haben, aber vieles aus dem Leben der Saurier wird immer ein Geheimnis bleiben.
Die meisten Saurier haben sich von Pflanzen ernährt. Sie fraßen Farne und andere Gewächse, die sie an den Ufern der Seen und Flüsse fanden. Der Barosaurus mit seinem langen Hals holte sich Blätter aus den Baumkronen, ähnlich den Giraffen. Alle Saurier mussten täglich viele Stunden fressen um satt zu werden.
Es klingt unglaublich, aber die riesigen Dinosaurier haben Eier gelegt, aus denen dann ihre Babys geschlüpft sind. Sie haben sich so fortgepflanzt wie Eidechsen und andere Reptilien. Bei Ausgrabungen haben Wissenschaftler kleine Horndinosaurier gefunden, die versteinert sind, als sie gerade ausschlüpfen wollten.

Ü 61 Urlandschaft mit Dinosauriern

Hermann Krekeler

Niemand kann genau sagen, wie die Landschaft ausgesehen hat, in der die Dinosaurier, diese faszinierenden Urzeitwesen, gelebt haben. Gewiss hat es Nadelbäume gegeben, Palmen, Farnkraut und Wasserpflanzen. In vielen Büchern findest du Abbildungen jener urzeitlichen Pflanzen, die uns bekannt sind.
Wenn du eine Urlandschaft bauen willst, entdeckst du auf einem Spaziergang durch den Wald gewiss vieles, was du dafür gebrauchen kannst. Als See eignet sich gut eine flache Plastikschale. Mit wasserfester Farbe malst du sie blau an oder legst sie mit blauer Folie aus. Die Saurier formst du nach Vorlagen oder nach deiner Fantasie aus Knetmasse. Wenn du in den mächtigen Körpern Hohlräume lässt und sie mit zerknülltem Papier ausfüllst, werden die Tiere leichter und du sparst Knetmasse.

Ü 62 Tiere und Menschen im ewigen Eis

In den Polargebieten leben die Robben und Walrosse. Sie fressen Fische und andere Meerestiere, und damit sie sie fangen können, müssen sie ins kalte Wasser. Robben und Walrosse haben nicht so ein dichtes Fell wie Eisbären, aber sie frieren trotzdem nicht. Diese Tiere haben nämlich unter ihrer Haut eine sehr dicke Speckschicht, dadurch spüren sie die Kälte nicht. Sie können auf Eisschollen liegen und schlafen, auch die Jungen werden auf dem Eis geboren, zum Beispiel die Kinder der Sattelrobbe. Zuerst haben sie ein weiches, weiß glitzerndes Fell. Auch Menschen leben schon seit langer Zeit in den nördlichen Gebieten der Erde, das sind die Eskimos. Sie wissen, wie man sich mit Pelzkleidung gegen Kälte, den ärgsten Feind der Menschen hier, schützt. Eskimos leben auch vom Fischfang und der Jagd, denn auf dem gefrorenen Boden können sie nichts anbauen. Sie ernähren sich zudem manchmal von getrocknetem Fleisch oder Fisch und Seehundspeck.
Früher haben Eskimos im Winter in Hütten aus Schneeblöcken gewohnt, und zwar in den Iglus. Heute bewohnen sie kleine Dörfer mit farbigen Häuschen. Auch in der Antarktis leben Menschen, aber nicht ständig. Es sind Forscher und Wissenschaftler aus vielen Ländern.